AF409883

Manual de Diseño
Básico para el Taller
de Arquitectura

EDICIONES UNIVERSIDAD CATÓLICA DE CHILE
Vicerrectoría de Comunicaciones
Av. Libertador Bernardo O'Higgins 390, Santiago, Chile

editorialedicionesuc@uc.cl
www.ediciones.uc.cl

MANUAL DE DISEÑO BÁSICO PARA EL TALLER
DE ARQUITECTURA

Sebastián Gray Avins
Francisco Vergara Dávila
Camilo Meneses Ferrada

©   Inscripción N° 2021-A-576
    Derechos reservados
    Enero 2021
    ISBN N° 978-956-14-2774-7
    ISBN digital N° 978-956-14-2775-4

Ilustraciones:
Felipe Lastra Cornejo

Diseño:
versión productora gráfica SpA

CIP – Pontificia Universidad Católica de Chile

Gray Avins, Sebastián, autor.
Manual de diseño básico para el Taller de Arquitectura / Sebastián Gray
Avins, Francisco Vergara Dávila, Camilo Meneses Ferrada.
Incluye bibliografía.

1.   Diseño arquitectónico – Manuales.
2.   Diseño arquitectónico – Enseñanza – Chile – Manuales.
I.   t.
II. Vergara Dávila, Francisco, 1943-, autor.
III. Meneses Ferrada, Camilo Ignacio, autor.

2021   729 + DDC23   RDA

Fondo de Desarrollo de la Docencia - FONDEDOC 2019

FACULTAD DE ARQUITECTURA,
DISEÑO Y ESTUDIOS URBANOS

Manual de Diseño Básico para el Taller de Arquitectura

Sebastián Gray Avins
Francisco Vergara Dávila
Camilo Meneses Ferrada

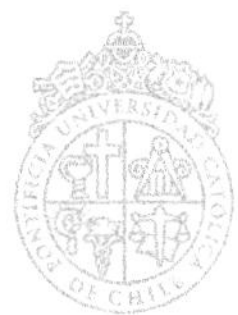
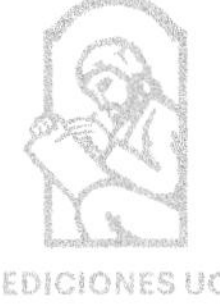

EDICIONES UC

ÍNDICE

INTRODUCCIÓN
A LA PRESENTE EDICIÓN

Este manual para estudiantes representa veinticinco años de enseñanza en los talleres de la Escuela de Arquitectura de la Universidad Católica de Chile y es fruto de las prácticas profesionales y docentes de diversos profesores. Comenzó como una serie de recomendaciones empíricas que los profesores del taller de tercer año hacían a sus alumnos para facilitarles el proceso de diseño y permitirles concentrarse en cuestiones menos triviales y más abstractas de la disciplina. Luego, este conjunto de recomendaciones se convirtió en una charla semestral –el célebre "cursillo" de la época– y más adelante en un borrador del presente manual, que ha sido informalmente conocido por años entre el alumnado.

Los textos originales datan de la década de 1990 y son obra de Luis Eduardo Bresciani Prieto, Sebastián Gray y Dino Bozzi; las subsecuentes revisiones y contribuciones son obra de Francisco Vergara Dávila, Sebastián Gray y Camilo Meneses.

Es motivo de alegría para los autores lograr la edición de este manual después de tantos años de existencia informal, y por ello estamos seguros de que resultará interesante y útil tanto para estudiantes y profesores de arquitectura en todo Chile, como para todas aquellas personas involucradas en el arte del bien proyectar y del bien construir.

INTRODUCCIÓN
A LA PRIMERA EDICIÓN

Este manual está dirigido al estudiante de arquitectura e intenta aportar algunas normas básicas de diseño para los proyectos abordados en su paso por la escuela. El énfasis de los proyectos desarrollados por alumnos en talleres radica en dar una adecuada respuesta a los problemas que la arquitectura plantea. Dichos problemas aumentan progresivamente su complejidad a lo largo de la carrera, gracias a la incorporación de nuevas variables que exigen del alumno un mayor esfuerzo de exploración y articulación de ellas.

A menudo se constata que las propuestas de los alumnos se ven afectadas por la falta de manejo de elementos y situaciones que todo proyecto de arquitectura debe contemplar. Es el caso de la resolución de estructuras portantes fundamentales y cuestiones constructivas involucradas, tipologías y elementos de arquitectura recurrentes en los proyectos, aspectos básicos a considerar en una arquitectura bioclimática, en la iluminación, acústica, paisajismo, dibujo y representación, etc. Estas carencias afectan los proyectos de los alumnos y dificultan el examen de los mismos, al ocultar o disminuir la profundidad del pensamiento elaborado frente a un problema de arquitectura que se requiere resolver.

El presente manual intenta llenar ese vacío, permitiendo al alumno una mayor concentración en el problema presentado al disponer de antecedentes proyectuales que, debidamente articulados, despejan cuestiones de necesaria concurrencia. Los textos que a continuación se exponen están basados en apuntes de clases que los autores han presentado a sus alumnos de taller en años recientes.

Luis Eduardo Bresciani P.
2003

CAPÍTULO I:
ELEMENTOS

Junto con sus cualidades representativas, el proyecto de arquitectura debe siempre resolver un programa, es decir, prestar una utilidad, proponiendo espacios y formas construidas capaces de satisfacer las funciones de la vida individual y colectiva. Mientras el programa puede ser interpretado con libertad idiosincrática, **los elementos componentes de la arquitectura** tienen un origen atávico y han sido verificados y perfeccionados de manera empírica a lo largo de la historia. Por "elementos" nos referimos a los dispositivos arquetípicos de la edificación, con funciones específicas, cuya combinatoria constituye el repertorio formal de todo proyecto. Entre estos elementos se incluyen puertas, ventanas, escaleras, rampas, corredores, balcones, ascensores, chimeneas, baños, cocinas, tabiques, revestimientos, pavimentos, cielos y cubiertas. El presente texto revisa una pequeña selección de estos elementos, pensando en los requerimientos del diseño preliminar.

Al abordar estos elementos, se debe discernir la magnitud y destino del proyecto, distinguiendo especialmente entre los usos **domésticos** y los **públicos**, así como entre **interiores** y **exteriores**, condiciones que demandan distintas materialidades, dimensiones y criterios.

1. ESCALERAS Y ESCALINATAS

Hay diferencias entre escalera y escalinata. **Escalinata** se refiere a un orden más bien monumental, de edificio público o de gran rango, y también se refiere a espacios exteriores. **Escalera**, en cambio, se refiere a un orden más compacto y funcional, generalmente interior. La escalinata es siempre cómoda, extendida y de materiales nobles, mientras que la escalera puede ser mucho más económica en todos los sentidos. En cualquier caso, el perfil de una escalera o escalinata se inscribe bajo una línea recta con una pendiente siempre inferior al 100%, siendo sus gradas o peldaños siempre iguales [FIGURA 1].

FIGURA 1 • ESCALERAS Y ESCALINATAS

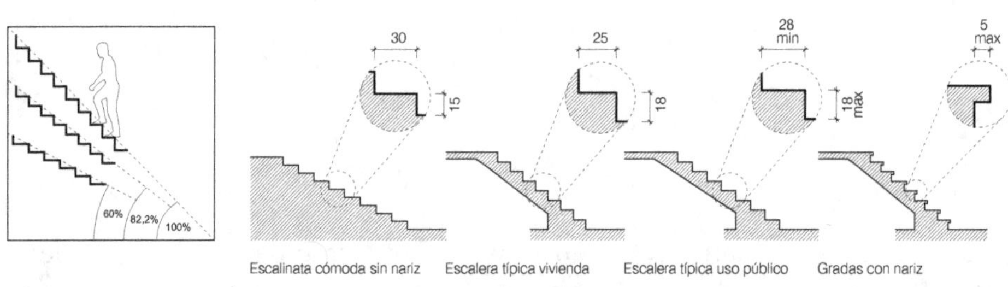

Existe una fórmula universal, que conviene memorizar, para calcular la justa proporción entre huellas (plano horizontal de la grada o peldaño) y contrahuellas (plano vertical):

$$2\,C + 1\,H = 60\,/\,64\ \text{cm}$$

De esta manera, una escalinata cómoda puede tener huellas de 30 cm y contrahuellas de 15 cm, y una escalera residencial puede tener huellas de 25 cm y contrahuellas de 18 cm. En todo caso, la norma chilena establece que **la grada de una escalera de uso público debe ser de no más de 18 cm de contrahuella y no menos de 28 cm de huella.**

Por sus holgadas dimensiones, una escalinata generalmente tiene peldaños sencillos, en ángulo recto. En cambio, existe un recurso común para hacer más cómoda una escalera compacta: la "nariz", un leve traslapo en planta de la huella que permite mayor superficie de apoyo al pie. La nariz puede proyectarse hasta unos 5 cm.

Las escaleras de tramos largos deben considerar descansos, al menos uno cada 16 gradas (que equivalen aproximadamente a un piso). Es deseable que estos descansos se ubiquen a la altura o por debajo de la línea del horizonte visual (cada 1,50 m de altura), de manera que, al subir, el usuario no se vea enfrentado a un desalentador muro de gradas. Los descansos deben tener un ancho funcional. En el caso de escaleras en que el descanso sirve para cambiar la dirección de los tramos, éste debe tener el mismo fondo que el ancho del tramo. El criterio es que, por razones de seguridad, el recorrido de la escalera debe tener siempre el mismo ancho útil. También debe considerarse el descanso necesario al inicio y término de una escalera o escalinata para abrir puertas en ambas direcciones [FIGURA 2].

FIGURA 2 • DESCANSOS EN ESCALERAS

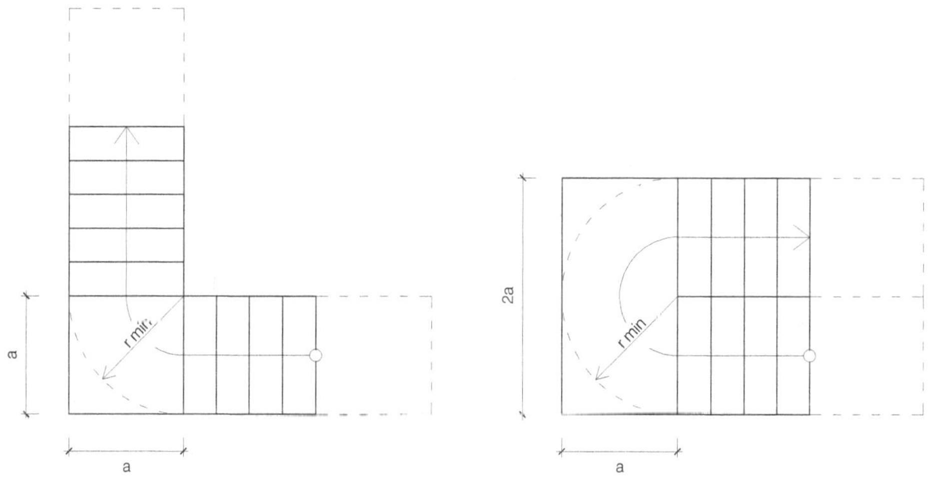

Por razones de seguridad, las escaleras de uso público deben ser diseñadas **solamente con tramos rectos**. Los cambios de dirección se logran con la posición y diseño de los descansos. En cambio, una escalera residencial puede ser de tramo curvo o "compensada", lo que ayuda a reducir su extensión [FIGURA 3].

Puesto que los principales criterios para el diseño de una escalera son comodidad, seguridad y utilidad, una escalera de caracol difícilmente cumple alguno de estos criterios, por lo que deben evitarse a toda costa. Como decía el profesor Jorge Nordenflycht, "Si una escalera de caracol queda bien, es porque algo anda mal" [FIGURA 4].

FIGURA 3 • ESCALERA COMPENSADA

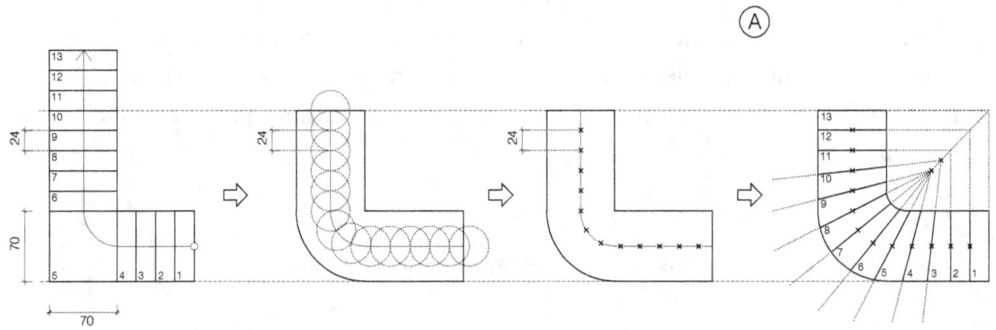

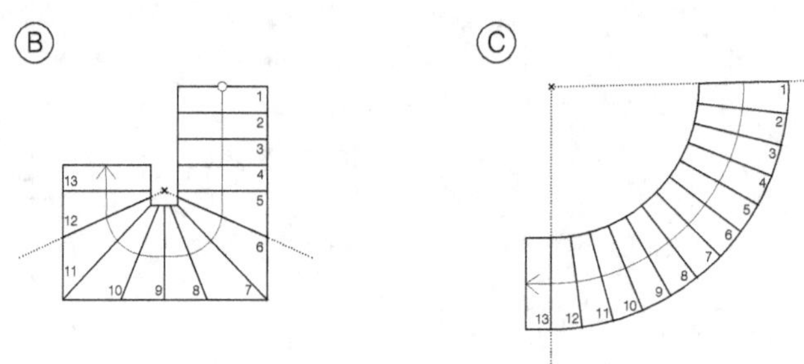

FIGURA 4 • ESCALERA DE CARACOL

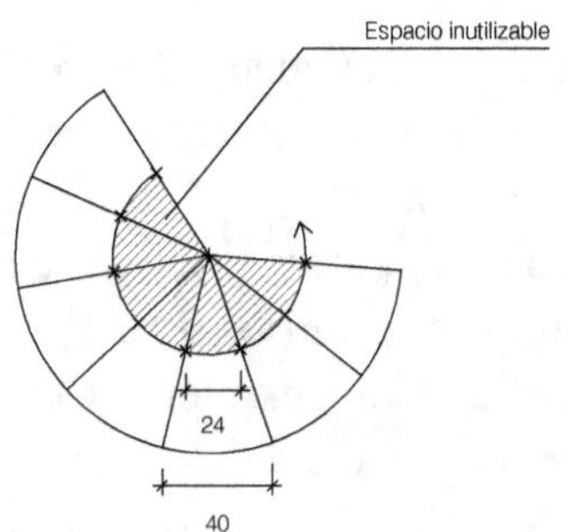

El ancho mínimo de una escalera residencial es 70 cm. El ancho mínimo de una escalera de uso público es 120 cm. Toda escalera tiene una baranda o pasamanos. El pasamanos estará siempre a una altura de 95 cm desde el vértice exterior (nariz) de cada grada. En escaleras de ida y vuelta, con descansos cada medio piso, el avance de una grada en cada tramo permite la continuidad del pasamanos [FIGURA 5].

FIGURA 5 • PASAMANOS Y BARANDAS

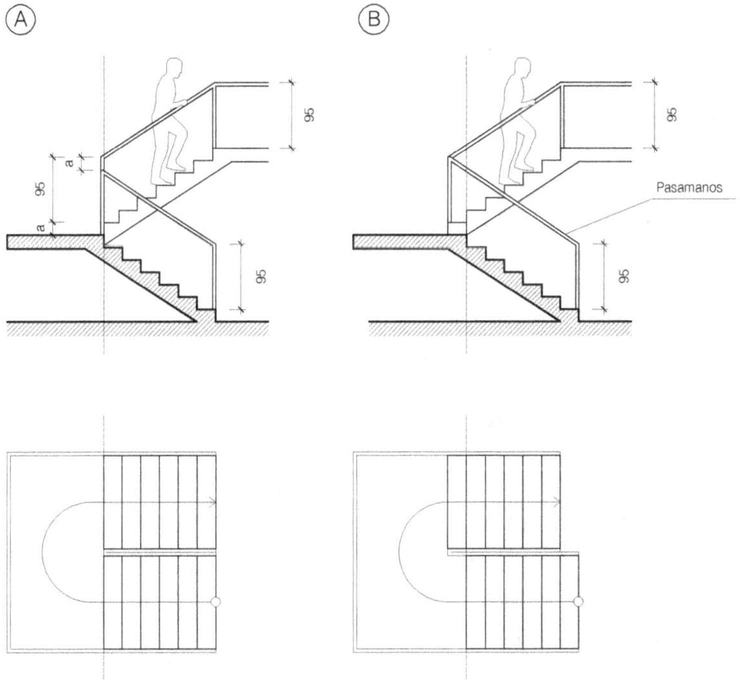

La altura mínima convencional **de piso a piso** en una vivienda es 2,52 m, que corresponde a **14 contrahuellas de 18 cm.** Con losas de 12 cm, esto permite alturas de piso a cielo de 2,40 m. Si la escalera es de uso público, las huellas deben ser de al menos 28 cm, de modo que su desarrollo en planta es de 3,64 m. Si la escalera es residencial (privada), las huellas pueden ser de 25 cm, de modo que su desarrollo en planta será de 3,25 m [FIGURA 6].

FIGURA 6 • ALTURA EN UNA VIVIENDA

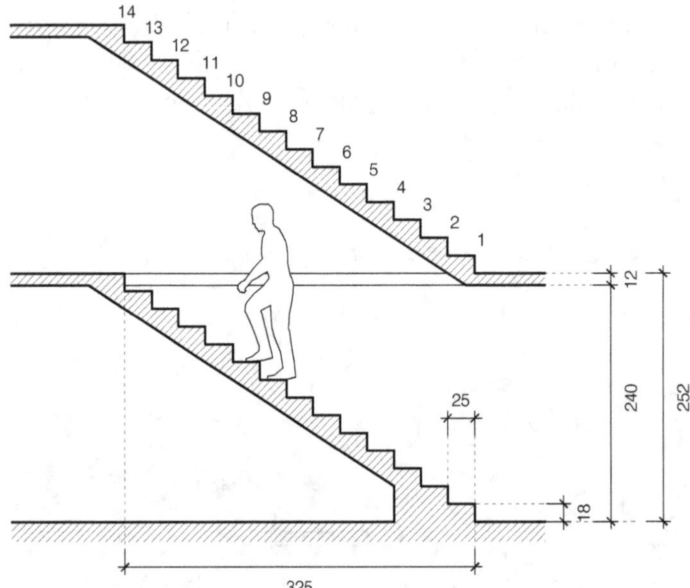

2. RAMPAS PEATONALES

Las rampas son superficies inclinadas para el uso de peatones y personas en sillas de ruedas. Una rampa no es necesariamente más cómoda que una escalera. Su pendiente no puede superar el 8% (1 : 12), y debe contar con descansos de 1,20 m de largo cada 10 m en planta. El ancho mínimo de la rampa para sillas de ruedas es de 120 cm.

Las normas internacionales de accesibilidad universal exigen rampas tanto en construcciones nuevas como existentes. Por su pendiente moderada, las rampas ocupan una gran superficie en planta, y por lo tanto debe hacerse un esfuerzo por incorporarlas como elementos arquitectónicos positivos desde el inicio del proyecto, y no como una solución accesoria [FIGURA 7].

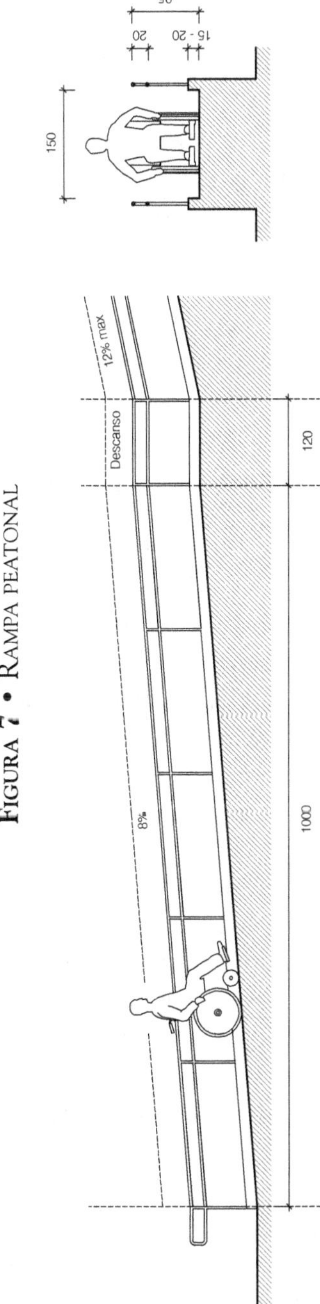

FIGURA 7 • RAMPA PEATONAL

3. CIRCULACIONES

Convencionalmente, las circulaciones se estiman en 20% de la superficie total de un programa dado (es decir, a un listado de recintos y superficies debe sumarse un 20% de circulaciones), de manera que es siempre deseable reducirlas a un mínimo óptimo. Las circulaciones pueden ser **exclusivas** (pasillos de conexión o distribución) o **inclusivas**, incorporando otros elementos programáticos en virtud de una espacialidad levemente mejor (estar, biblioteca, escritorio, taller, etc.). La diferencia entre un simple pasillo y una agradable galería puede ser cosa de centímetros. En proyectos residenciales, el ancho mínimo de un pasillo o escalera es de 80 cm, mientras que en circulaciones de uso público (corredores de edificios, por ejemplo) es de 1.40 m.

4. MURO COMO ELEMENTO ARQUITECTÓNICO

Se debe distinguir entre muros y tabiques. Los muros serán siempre parte de la estructura, mientras que los tabiques son paramentos ligeros que no comprometen la estructura principal. Al ser parte de la estructura, los muros son **portantes** (transmiten verticalmente hasta el suelo su propio peso y las cargas de entramados de pisos y techumbres) y **arriostrantes** (resisten solicitaciones laterales en el sentido de su eje). Para ser portantes y arriostrantes, todo muro debe tener continuidad y coherencia vertical y necesariamente debe apoyarse en sus propias fundaciones en el suelo. Si un muro no llega al suelo, entonces no es un muro propiamente tal.

La estructura en base a muros de mampostería o albañilería, incluido el adobe, es una de las formas más atávicas de construir sistemas tectónicos (es decir, desde el suelo hacia arriba), presente en muchas manifestaciones vernáculas. El sistema de muros es eficiente en costos y acondicionamiento ambiental (la albañilería reforzada o confinada es más eficiente que un marco rígido de hormigón armado) aunque, por otra parte, el sistema de muros **obliga a una correspondencia conceptual entre estructura y programa**, como es la medianería entre unidades de vivienda en un edificio de departamentos, por ejemplo.

Los tabiques son paramentos ligeros con resistencias limitadas a su propia estabilidad y generalmente destinados a organizar espacios interiores. Por estas características, es posible ocupar diversos materiales para su estructura, su relleno (generalmente aislante acústico) y sus revestimientos, dependiendo de la función que se deba cumplir.

Para efectos de prediseño, un **muro** de albañilería puede considerarse con una sección típica de **20 cm** (ladrillo de 30 x 15 cm en aparejo de soga con estuco de 2,5 cm por ambos lados) y de **15 cm** en hormigón armado o en un sistema de entramado de madera (pies derechos de 2 x 4" con revestimiento de 2,5 cm por ambos lados). Un **tabique**, por otra parte, puede considerarse con una sección típica de **10 cm** y mínima de 6 cm.

5. VANOS, PUERTAS Y VENTANAS

La dimensión de un vano, puerta o ventana guarda directa relación con el uso y la jerarquía del recinto a que sirve. En el caso de las puertas, su dimensión responde además a necesidades funcionales, tales como el paso de muebles o el escape del público. La puerta de acceso de una casa, por ejemplo, tiene siempre un ancho considerable (90 cm mínimo) no solo por razones simbólicas, sino porque por ella deben entrar todos los muebles. Las puertas de recintos de viviendas son de 80 cm. La hoja de la puerta de un baño pequeño, en cambio, puede ser de apenas 60 cm. Por otra parte, los vanos de puertas de uso público (salas de clases o teatros, por ejemplo) deben tener un ancho mínimo de 2.00 m con dos hojas de vaivén o que abran hacia fuera.

* *Anchos recomendados de puertas:*

Residenciales:
- Puertas de acceso: 90 cm
- Puertas de recintos interiores: 80 cm
- Puertas de baños: 70 cm
- Puertas de baños de visita: 60 cm

Uso público:
- Puertas de acceso: 2.00 m (dos hojas de vaivén o hacia afuera)
- Puertas de recintos con accesibilidad universal: 90 cm
- Otras puertas interiores: 80 cm

El sentido de apertura de una puerta no es casual: responde a condiciones funcionales y perceptuales de seguridad y privacidad. Los recintos privados (dormitorios, baños) así como la puerta de calle de una casa **abren hacia el interior,** puesto que de esa manera se tiene dominio de la apertura de la hoja y las bisagras y demás herrajes resultan inaccesibles desde el exterior. Sin embargo, todas las puertas de uso público (teatros, salas de clase, etc.) deben abrirse obligadamente hacia el exterior por razones de seguridad para facilitar el escape, con la condición de no irrumpir en la circulación contigua (pasillos o veredas) [FIGURA 8].

FIGURA 8 • PUERTAS EN ESPACIOS PÚBLICOS

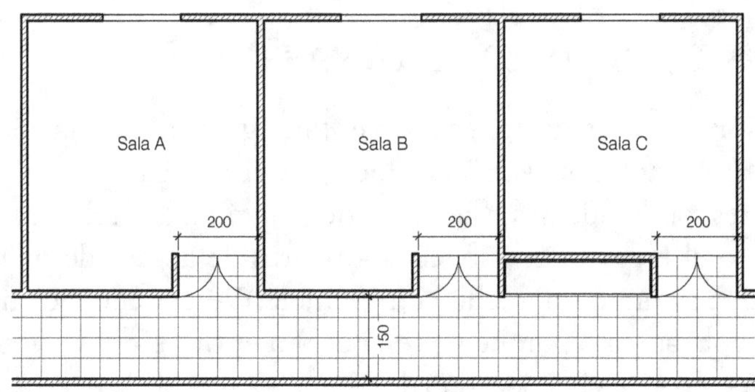

El tamaño y la forma de la ventana de un recinto es materia de cada proyecto, incluida la normal subordinación de los requerimientos interiores a la composición general de las fachadas de un edificio. Pero es posible establecer algunas condiciones para el diseño. Las ventanas verticales (o de piso a cielo) permiten una mayor penetración de la luz natural en los recintos, no solo por el ángulo de incidencia del sol sino por la reflexión de la luz difusa en el cielo raso, que generalmente es blanco con este propósito. Por otra parte, ventanas horizontales permiten vistas panorámicas hacia el exterior.

Se pensaría que una fachada completamente vidriada resuelve muchos problemas, pero debe comprenderse que un recinto siempre necesita paramentos opacos según su uso, amoblamiento y control climático. Es así que en recintos de uso colectivo o público es razonable proponer grandes ventanales, ojalá mediados con el exterior gracias a balcones o aleros; mientras que en habitaciones tales como dormitorios, estudios, cocinas o baños, la necesidad de privacidad y el mobiliario o equipamiento adosado al perímetro exigen vanos más pequeños y con antepechos.

6. RECINTOS Y MOBILIARIO (BAÑOS, COCINAS, CLOSETS)

La dimensión y disposición de recintos es materia de cada proyecto, sin embargo, es posible establecer criterios de diseño. **Estares y dormitorios deben tener siempre iluminación y ventilación natural** y es deseable que sean recintos estancos (terminales, no de paso). En nuestro hemisferio, los dormitorios residenciales no deberían orientarse hacia el sur; es decir, deberían tener asoleamiento garantizado todo el año.

Es conveniente incorporar *halls* o vestíbulos a manera de esclusa o espacio de distribución, especialmente en proyectos residenciales [FIGURA 9]. Los baños de uso público (o de visitas, en caso de viviendas) deben ser ubicados **con la mayor discreción posible**, preferentemente relacionados con circulaciones o vestíbulos, pero no con recintos.

FIGURA 9 • DISTRIBUIDORES

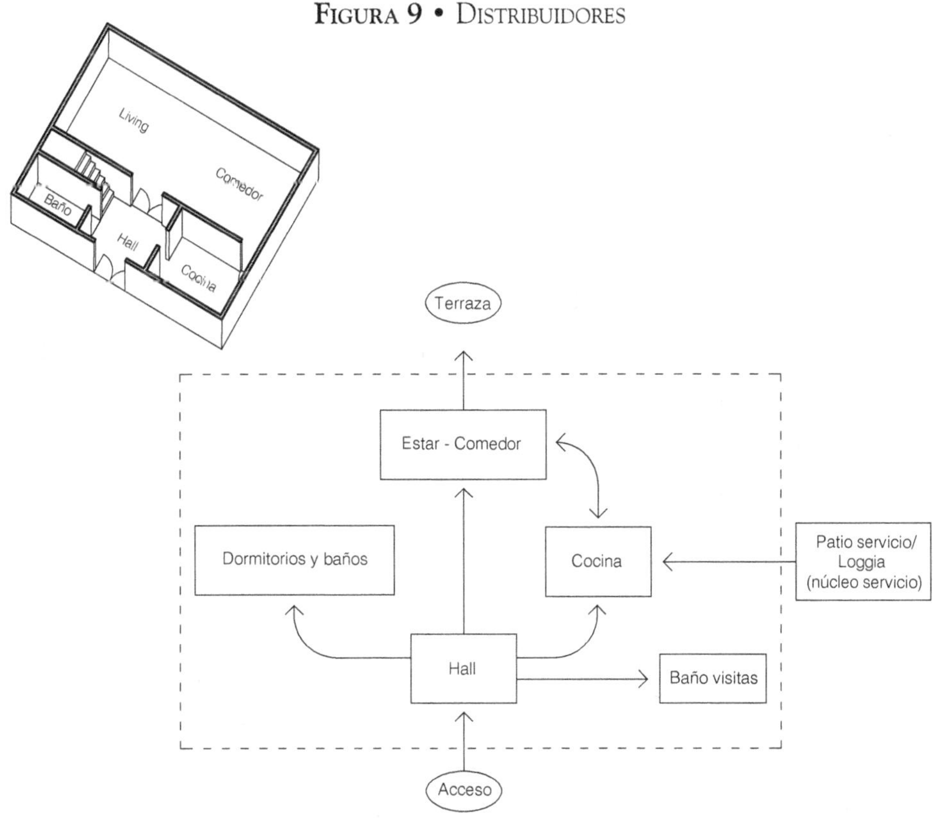

25

FIGURA 10 • CLOSETS CONTIGUOS

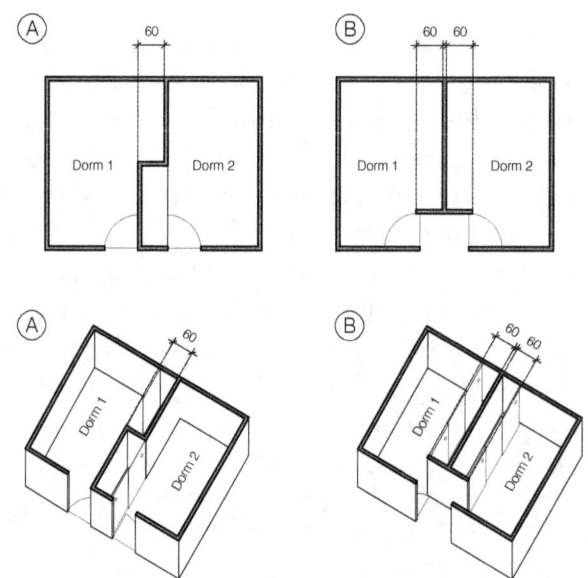

FIGURA 11 • TIPOS DE COCINAS

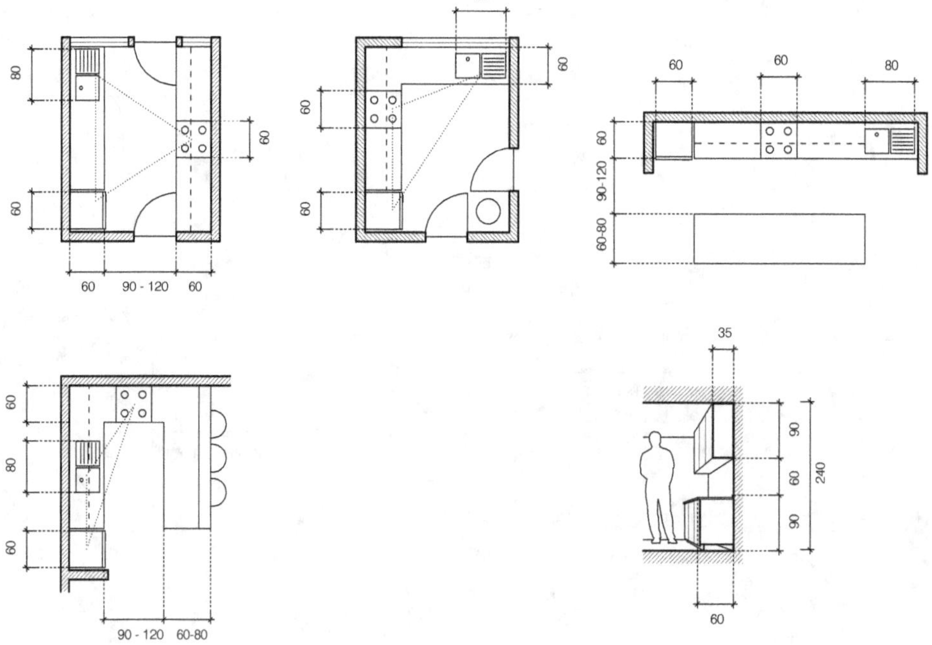

Un closet tiene un fondo mínimo de 60 cm. Debe garantizarse siempre el acceso al closet con al menos 60 cm de circulación (desde una cama, por ejemplo). Una disposición estratégica de closets permite aprovecharlos como elementos de aislación acústica (e incluso térmica) entre recintos [FIGURA 10].

En baños y cocinas, el principio rector es la funcionalidad y comodidad. Una buena cocina depende de su justo tamaño y distribución para que las personas que ahí laboran no se desplacen demasiado. Una buena cocina sitúa los tres artefactos fundamentales (cocina, refrigerador y lavaplatos) formando un triángulo en planta, con una circulación suficientemente ancha (90-120 cm) para permitir el trabajo simultáneo de dos personas. El lavaplatos se ubica siempre junto a una fuente de luz natural, cuando está disponible. El refrigerador se sitúa siempre junto al acceso de la cocina, para evitar el tránsito de personas ajenas a las labores de la cocina. El fogón se ubica idealmente contra un muro, y se debe considerar su adecuada extracción. Al respecto, la única extracción eficaz es aquella que expulsa el aire hacia el exterior del edificio [FIGURA 11].

Los baños deben garantizar espacio suficiente para utilizar de manera privada, cómoda y segura todos los artefactos, y deben estar provistos de iluminación y ventilación natural, idealmente, o por medios mecánicos. Un principio rector del diseño de baños residenciales es que el ancho de la tina (o receptáculo de ducha) determina el ancho del baño [FIGURA 12].

FIGURA 12 • TIPOS DE BAÑOS

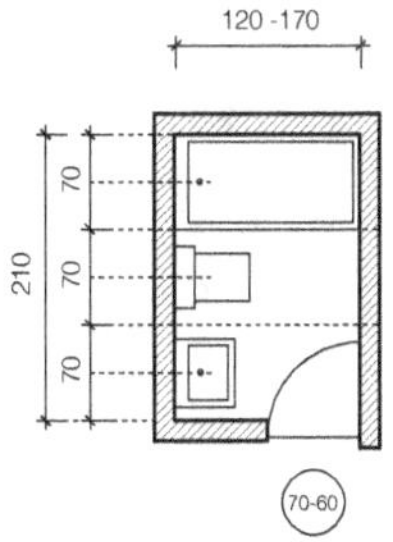
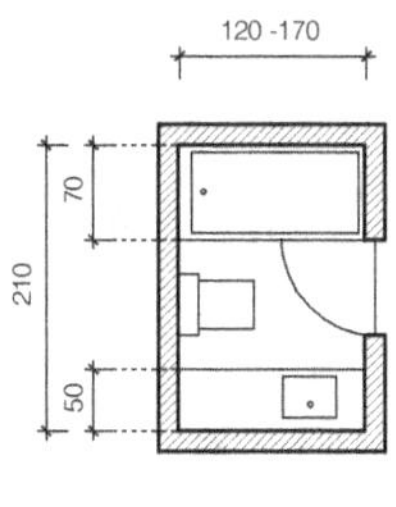
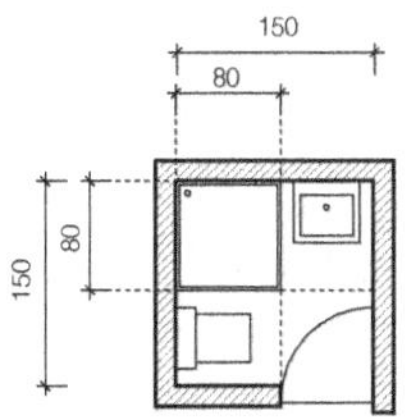
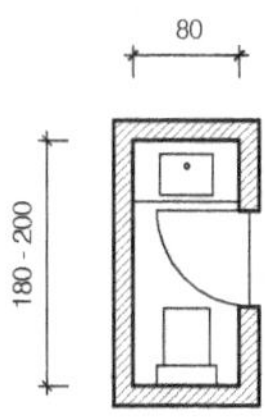

Es siempre recomendable **medir y trazar personalmente** los muebles y artefactos, encontrando un estilo propio y discreto, sin recurrir a plantillas o bloques de dibujo que generalmente perjudican la representación. Solo de esta manera se tomará conciencia de la relación fundamental entre espacio proyectado y mobiliario.

27

FIGURA 13 • MEDIDAS DE MOBILIARIO EN PLANTA Y SECCIÓN

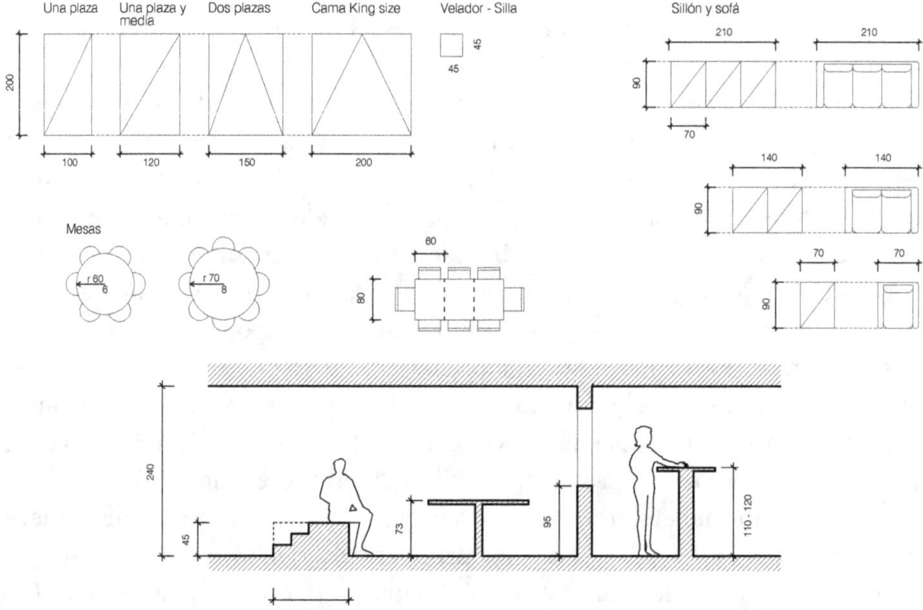

• **Dimensiones típicas de mobiliario en planta** [Figura 13]
- Cama de 1 plaza: 100 x 200 cm (también 90 x 190 cm en Chile)
- Cama de 2 plazas: 150 x 200 cm.
- Cama "King size": 200 x 200 cm.
- Velador, silla: 45 x 45 cm.
- Mesa redonda: 120 cm (hasta 6 personas), 140 cm (hasta 8 personas)
- Mesa rectangular: 80 cm de ancho (cabecera). Largo: 60 cm / persona (Mesa para 6 = 80 x 120 cm)
- Sillón, Sofá: módulos de 90 x 70 cm (sofá de dos cuerpos = 90 x 140 cm; sofá de tres cuerpos = 90 x 210 cm)
- Cocina, lavadora, refrigerador: 60 x 60 cm.
- Receptáculo de ducha: 80 x 80 cm (o similar a tinas).
- Tina: 70 cm de ancho. Largos: 120-140-150-170 cm.

• **Alturas típicas de elementos y mobiliario**
- Grada: 15 cm (mínimo dos gradas; nunca una sola, porque es difícil percibir el desnivel)
- Asiento: 45 cm.

- Gradería: 45 cm x 90 cm (que coincide con 3 gradas de 15 x 30 cm)
- Mesa: Entre 70 y 75 cm (28 ½")
- Antepecho, Pasamanos, Baranda: 95 cm.
- Mesón de atención, Barra de Bar: Entre 110 y 120 cm.
- Altura **mínima** recomendada para un dintel de puerta: 2.00 m.
- Altura **mínima** recomendada de piso a cielo: 2.40 m. (La altura de un recinto es directamente proporcional a sus dimensiones en planta). Esta altura corresponde a un óptimo constructivo de escaleras de 14 contrahuellas de 18 cm:
  18 cm x 14 = 2.52 m - 12 cm (losa) = 2.40 m

7. ASCENSORES Y MONTACARGAS

El ascensor es uno de los inventos más trascendentes en la historia de la arquitectura y del urbanismo. Durante la Revolución Industrial, junto con el tranvía, el ascensor modificó para siempre la relación social y espacial de las ciudades. Si bien se utilizan poleas y contrapesos desde la antigüedad, fue un señor Otis, recién a fines del siglo XIX, quien perfeccionó el sistema del **freno de seguridad** del ascensor, logrando con ello su aceptación universal. Su utilización permitió multiplicar la altura de las edificaciones, las que hasta entonces no superaban los 8 pisos (como en París) que una persona podía remontar a pie.

Ascensores y montacargas cumplen el mismo objetivo: trasladar personas y objetos verticalmente. Un montacargas es un ascensor para objetos de gran tamaño y peso, más lento y abrupto en su manejo. Los ascensores deben diseñarse de acuerdo con la demanda proyectada y, en general, conviene disponer de al menos **dos ascensores siempre contiguos** para permitir su mantención.

Existen varios tipos de ascensores, pero el principio es similar: una cabina se desplaza verticalmente entre rieles a lo largo de una estructura (caja del ascensor), impulsada por un medio mecánico. Este puede ser un motor eléctrico situado en el punto más alto del recorrido, en el punto más bajo o incluso sobre la misma cabina. En los ascensores con motor, la cabina cuelga de cables de acero y siempre existe un contrapeso de la cabina, que viaja por la misma caja del ascensor, para que el sistema pueda ponerse en movimiento. Siempre se considera un espacio de registro o "sobrerrecorrido" equivalente a un piso en la parte superior e inferior de la caja del ascensor, razón por la que se observan torres de ascensor sobre las cubiertas de los edificios. Un buen criterio arquitectónico incorpora estas torres al perfil del edificio [FIGURA 14].

FIGURA 14 • TIPOS DE ASCENSORES

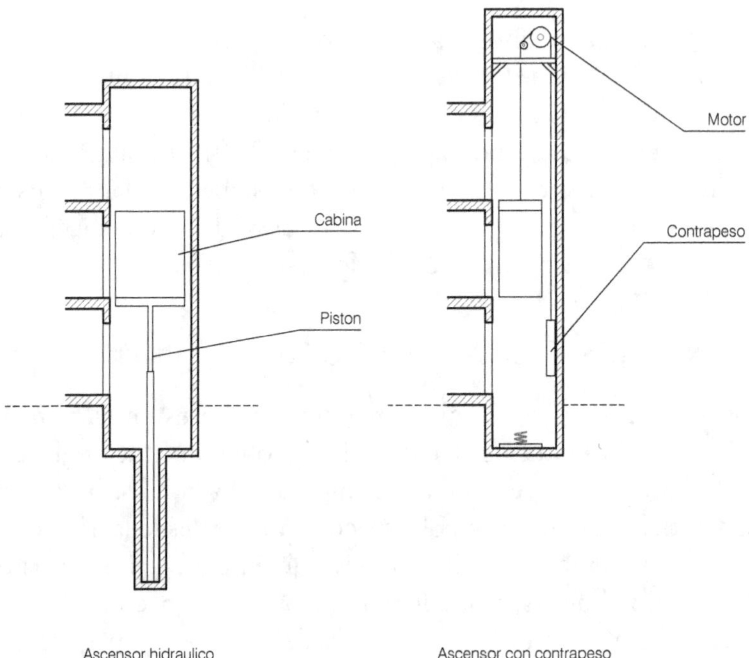

Otro sistema común es el ascensor hidráulico. En este caso, la cabina es desplazada verticalmente desde el suelo por un émbolo hidráulico (simple o telescópico). Estos ascensores son más lentos pero más cómodos y permiten mayor tamaño y libertad de diseño. Naturalmente, a mayor desplazamiento, más largo el émbolo y su respectiva excavación, de manera que sus recorridos se limitan a pocos pisos. Se usan típicamente en aeropuertos y centros comerciales.

Las cabinas pueden tener diversos tamaños y formas, con un mínimo recomendable de 1,20 m interior por lado. La caja del ascensor no requiere más de 20 cm libres entre la cabina y los muros [FIGURA 15].

8. CUBIERTAS Y CIELOS

El propósito de una cubierta es evacuar las aguas. Se debe repetir esta frase en voz alta como un mantra, pues solo cuando se comprenda en conciencia este principio elemental, se podrá diseñar una cubierta adecuada.

FIGURA 15 • NÚCLEO DE ASCENSORES/CIRCULACIONES VERTICALES

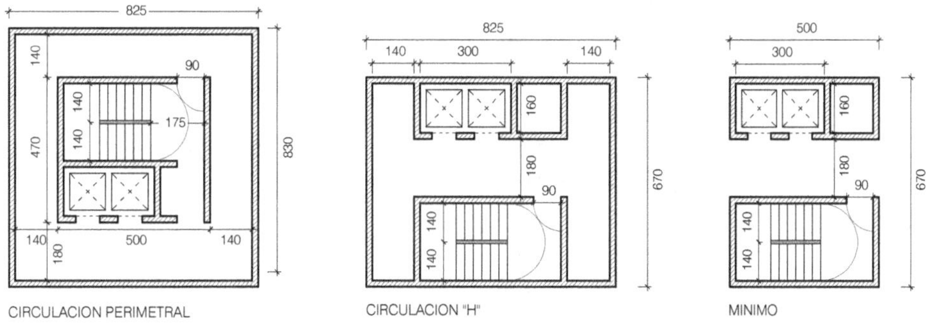

CIRCULACION PERIMETRAL

CIRCULACION "H"

MINIMO

La historia de la arquitectura es, en cierto sentido, la historia de sus cubiertas. El Movimiento Moderno concibió el techo plano para restituir el terreno ocupado en la implantación; y uno de los mayores íconos del siglo XX, la Villa Savoye de Le Corbusier, fue construida en 1929 con un vanguardista techo-jardín... que jamás dejó de lloverse, de modo que los propietarios debieron abandonarla pocos años más tarde, condenándola a la ruina (siendo restaurada recién cuarenta años después). Un edificio que se llueve se destruye, es fuente de frustración para el usuario y el arquitecto, traicionando el requisito más atávico de la construcción, que es dar cobijo.

Para hacer una buena cubierta, las aguas deben ser evacuadas por el camino más lógico, corto y sin obstáculos. En este sentido, **la mejor cubierta será siempre la de diseño más sencillo.** En general, es preferible evacuar las aguas hacia el perímetro de la construcción que, hacia su interior, debiendo evitarse a toda costa las acumulaciones de agua. En cualquier caso, las aguas deben ser evacuadas dentro de los límites del mismo predio y encauzadas hasta llegar a la red de aguas-lluvia o al espacio público. Las canalizaciones deben ser siempre generosas y se debe evitar las caídas libres y el humedecimiento de muros.

La cubierta es un sistema estanco que se complementa con forros de hojalatería u otros materiales que cubren todos los intersticios y superficies de la construcción por donde pueda infiltrarse o ingresar el agua.

Pero ¿se puede hacer un techo plano que no se llueva? Claro que sí. Existen dos criterios generales de diseño; el primero es el sistema de *deck* o "techo americano", que es una plataforma consistente de un pavimento permeable (un entablado o sistema de pastelones con rendijas, por ejemplo) que permite que el agua escurra hacia una cubierta convencional que se encuentra debajo. El segundo es la impermeabilización de una losa o entramado de cubierta; considerando que las actuales innovaciones tecnológicas permiten sellar en forma segura y eficiente cubiertas con una mínima pendiente (2%). Ambos sistemas hacen posible concretar la voluntad de recuperar el suelo construido mediante terrazas y jardines en las azoteas [FIGURA 16].

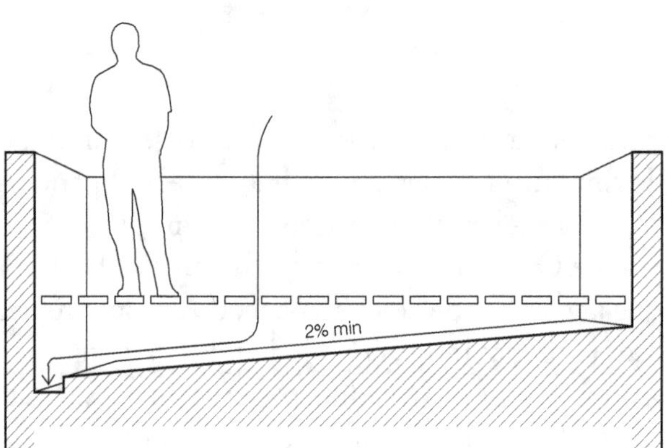

FIGURA 16 • SECCIÓN DECK AZOTEA

La forma, volumen y perfil de la cubierta no guarda necesariamente relación con el cielo de los recintos que se encuentran debajo. El cielo es una construcción completamente distinta que la cubierta, y entre cielo y cubierta existen numerosos elementos y capas materiales que los separan, incluyendo estructura, aislación térmica, aire, conectores, instalaciones de todo tipo, redes, zonas de registro, etc. Cada recinto puede tener un cielo distinto, independientemente de la forma de la cubierta general. Los cielos pueden ser rasos (planos horizontales), inclinados, artesonados, abovedados, cúpulas, etc. Excepcionalmente sí puede observarse una techumbre desde el interior, sobre todo en estructuras de grandes luces en que se desea hacer alarde del recurso [FIGURA 17].

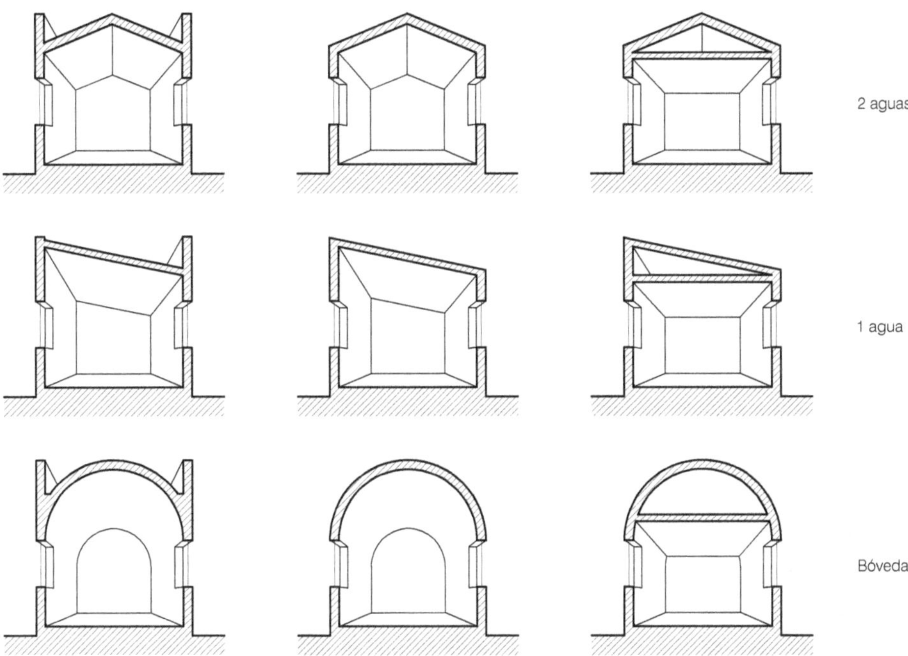

FIGURA 17 • SECCIÓN CIELO/CUBIERTA

9. ESTACIONAMIENTOS SUBTERRÁNEOS

El estacionamiento de vehículos ocupa siempre una superficie considerable. Muchas veces, el espacio necesario para estacionar, circular, maniobrar y girar dicta la disposición de la estructura de un edificio. En el caso de estacionamientos subterráneos, por ejemplo, **la estructura del edificio está normalmente subordinada a los requerimientos dimensionales del estacionamiento.**

Un espacio típico de estacionamiento mide desde 2.5 x 5 m (mínimo) hasta 3 x 6 m, más la circulación respectiva, de manera que una típica trama estructural en planta ocupa como módulo un múltiplo de este espacio. Debe considerarse que un vehículo necesita prácticamente su misma longitud como ancho de circulación para entrar o salir de un espacio de estacionamiento [FIGURA 18 Y FIGURA 19].

FIGURA 18 • ESTACIONAMIENTO 5-6-5 M

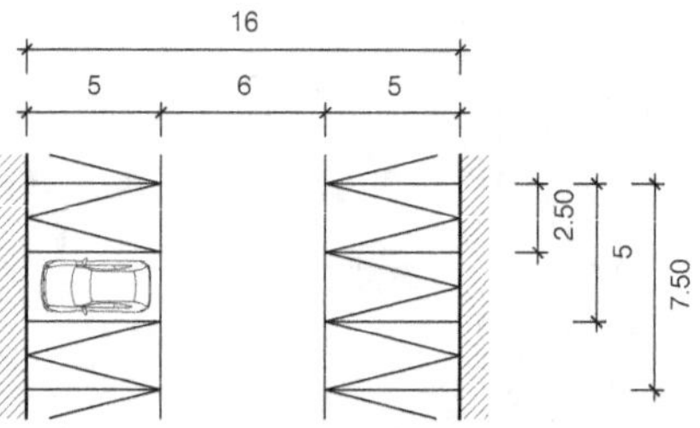

Espacio estacionamiento

FIGURA 19 • TRAMA ESTRUCTURA 8 x 8

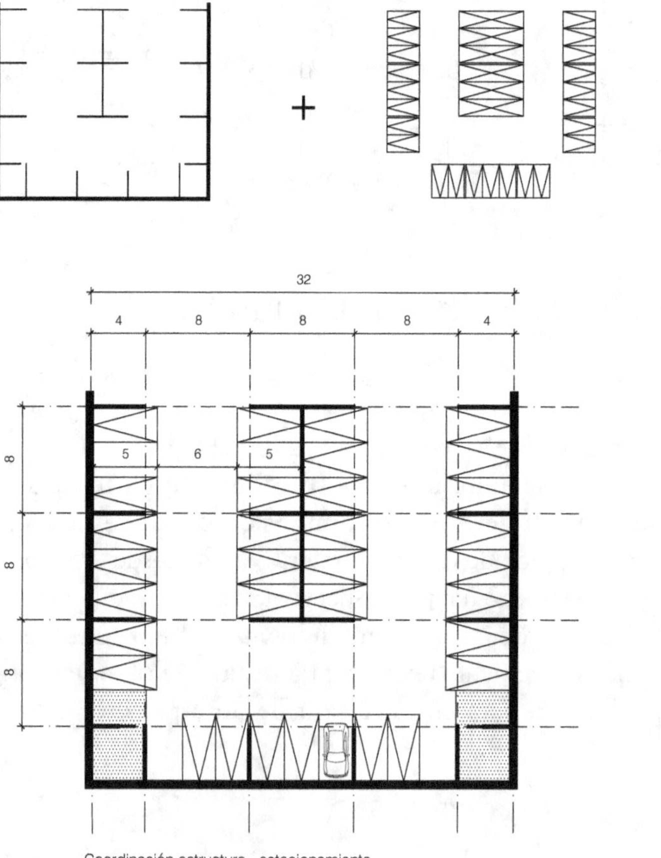

Coordinación estructura - estacionamiento

El estacionamiento más eficiente es de trazado ortogonal y con espacios a cada lado de una circulación en doble sentido. Sin embargo, las condiciones de un proyecto pueden obligar a otras soluciones. Es posible diseñar estacionamientos en ángulo (desde 30° hasta un máximo de 45° respecto al eje de la circulación) y también se puede estacionar paralelamente a la circulación, con lo que disminuye el ancho total requerido pero también disminuye la capacidad del estacionamiento [FIGURA 20].

FIGURA 20 • ESTACIONAMIENTOS EN ÁNGULO

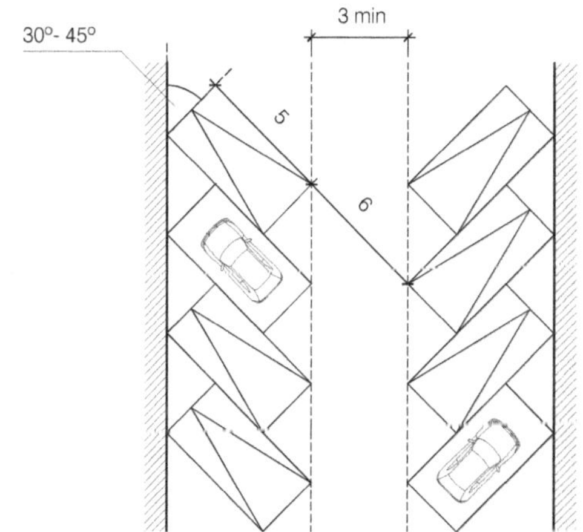

Al diseñar estacionamientos públicos, debe considerarse el tránsito de vehículos de emergencia, la posibilidad de carga y descarga, así como especialmente la seguridad y comodidad de los peatones. Se debe incluir senderos, veredas, árboles y sombreaderos, y en el caso de los estacionamientos subterráneos, es siempre deseable mejorar sus condiciones ambientales, incorporando iluminación y ventilación naturales.

Normalmente, las fundaciones de un edificio en altura son profundas y voluminosas, de manera que los subterráneos son parte intrínseca del proyecto. **Un diseño racional aprovecha estos subterráneos como estacionamientos.** Una racionalidad estructural (solidez), funcional (desarrollo de rampas) y económica (capacidad) exige que la altura de un piso de estacionamiento sea siempre la mínima necesaria para el tránsito de vehículos. Para vehículos menores, la altura mínima aceptable es de 2.15 m libre (bajo vigas).

La pendiente de una rampa vehicular no debe superar el 20%, y debe contar en ambos extremos –en el encuentro con la superficie horizontal– con una zona de transición de 10% que evita daños en el *chassis* del vehículo. También por razones de seguridad, cuando una rampa emerge hacia una calle o espacio público, es obligatorio disponer un tramo horizontal igual al largo del vehículo (5 m mínimo) previo a la línea de edificación [FIGURA 21].

FIGURA 21 • RAMPA ESTACIONAMIENTO

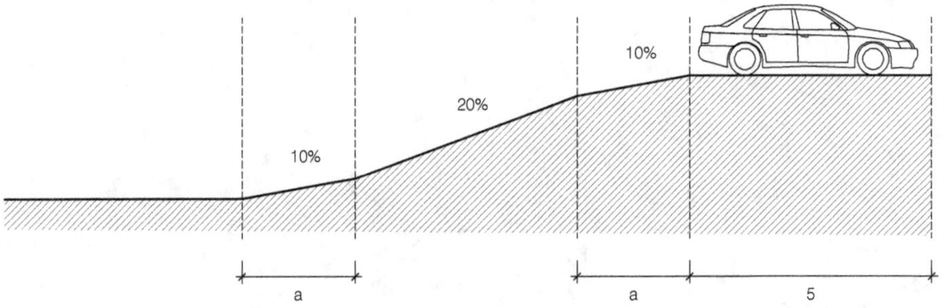

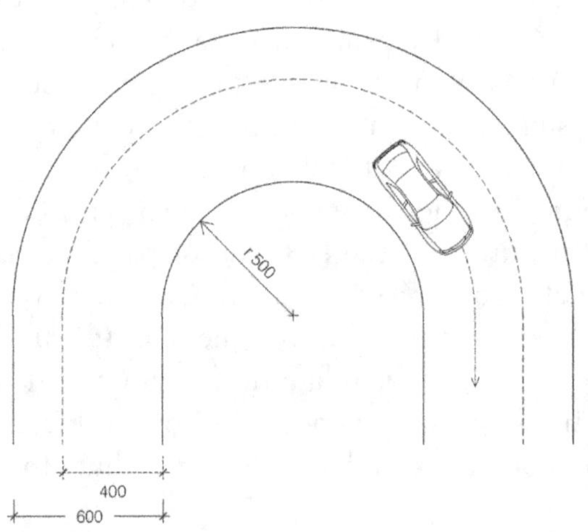

El mínimo radio de giro para una rampa de automóviles es de 5.00 m por su lado interior. El ancho mínimo útil de una rampa en un solo sentido es de 4.00 m y 6.00 m en ambos sentidos [FIGURA 22].

FIGURA 22 • RADIOS DE GIRO ESTACIONAMIENTOS

10. CRITERIOS DE DISEÑO PARA ACCESIBILIDAD UNIVERSAL

El concepto de Accesibilidad Universal en la arquitectura se refiere a aquellos elementos de diseño que garantizan el libre acceso de personas con dificultades físicas a todas las áreas **de uso público** de un lugar o edificio. La accesibilidad exige un trato digno e igualitario a las personas en situación de discapacidad (de manera que no es posible, por ejemplo, habilitar para este efecto un acceso secundario). Típicamente, se trata de asegurar el acceso de sillas de ruedas desde el nivel de la calle y estacionamiento hasta el nivel de ascensores (por medio de rampas peatonales o plataformas móviles), evitando además todo obstáculo en el resto del proyecto.

Existen manuales oficiales de libre disposición con las normas para el diseño de la accesibilidad universal. Se recomienda consultar siempre el Manual de Accesibilidad Universal de la Corporación Ciudad Accesible, cuyo uso es extendido en Chile.

Las dimensiones de rampas para sillas de ruedas se indican en el capítulo respectivo de este texto. Las puertas para sillas de ruedas deben tener un ancho mínimo de 90 cm, y debe considerarse el espacio lateral necesario (unos 45 cm) para que el radio de apertura de la puerta no interfiera con la silla. Los baños para personas en silla de ruedas tienen dimensiones mayores y artefactos especiales (menor altura y no se apoyan en el suelo). En general, las puertas de estos baños deben abrirse hacia afuera, y los artefactos deben disponerse de tal manera que se pueda trazar en planta un círculo de 150 cm de diámetro libre (giro de la silla). La legislación vigente obliga a todo edificio de uso público, nuevo o existente, a cumplir con estas normas [FIGURA 23].

FIGURA 23 • PLANTA BAÑO INCLUSIVO

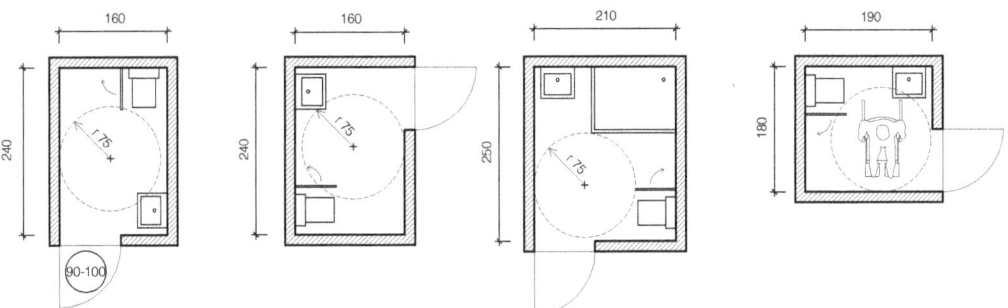

CAPÍTULO II:
ACONDICIONAMIENTO AMBIENTAL
DE UN EDIFICIO

El acondicionamiento térmico y lumínico de un edificio puede ser enfrentado desde dos perspectivas: **medidas activas y medidas pasivas.**

Las **medidas activas** hacen uso de medios mecánicos y consumen energía de generación artificial. Las condiciones climáticas de Chile hacen que dichas medidas requieran un alto consumo de energía tanto para calefaccionar en invierno como para refrescar en verano, especialmente en edificios no acondicionados arquitectónicamente para el clima en que están emplazados. Además de costoso e irracional, se debe considerar que dichas energías también suelen ser contaminantes (combustibles) y tienen un impacto ambiental en su generación (centrales termo e hidroeléctricas).

Las **medidas pasivas** hacen uso y manejo de la energía presente en la naturaleza mediante el diseño de elementos de arquitectura. La sabiduría ancestral de la arquitectura vernácula incorpora medidas pasivas en el diseño y la construcción [Figura 24].

FIGURA 24 • CORREDORES Y ALEROS

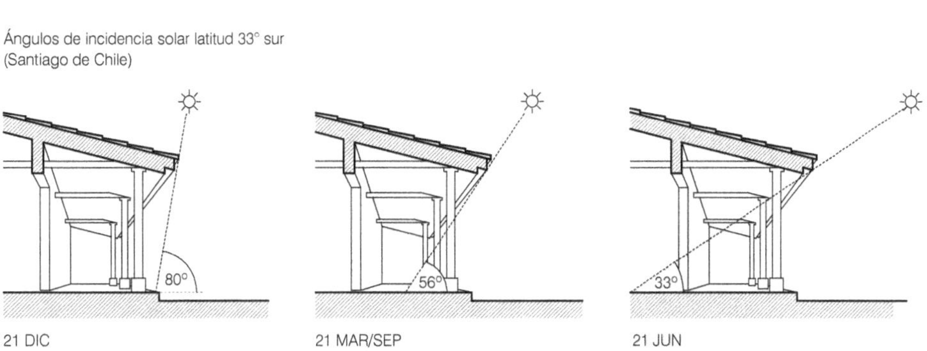

Ángulos de incidencia solar latitud 33° sur
(Santiago de Chile)

21 DIC   21 MAR/SEP   21 JUN

39

Se entiende por **Arquitectura Bioclimática** aquella que hace uso de las medidas pasivas, diseñando para aprovechar el clima y las condiciones del entorno con el fin de lograr confort térmico en su interior. Se basa exclusivamente en el diseño de espacios y elementos arquitectónicos, sin necesidad de utilizar sistemas mecánicos complejos.

La Arquitectura Bioclimática también se conoce como **Arquitectura Solar Pasiva,** puesto que cumple su propósito principalmente con el adecuado uso de la energía del sol, en colaboración con otros elementos del clima, como el viento, la humedad y las lluvias [FIGURA 25].

Como complemento de este capítulo, se recomienda consultar la *Guía de Diseño para la Eficiencia Energética en la Vivienda Social* de Waldo Bustamante *et al.*

FIGURA 25 • CARTA SOLAR

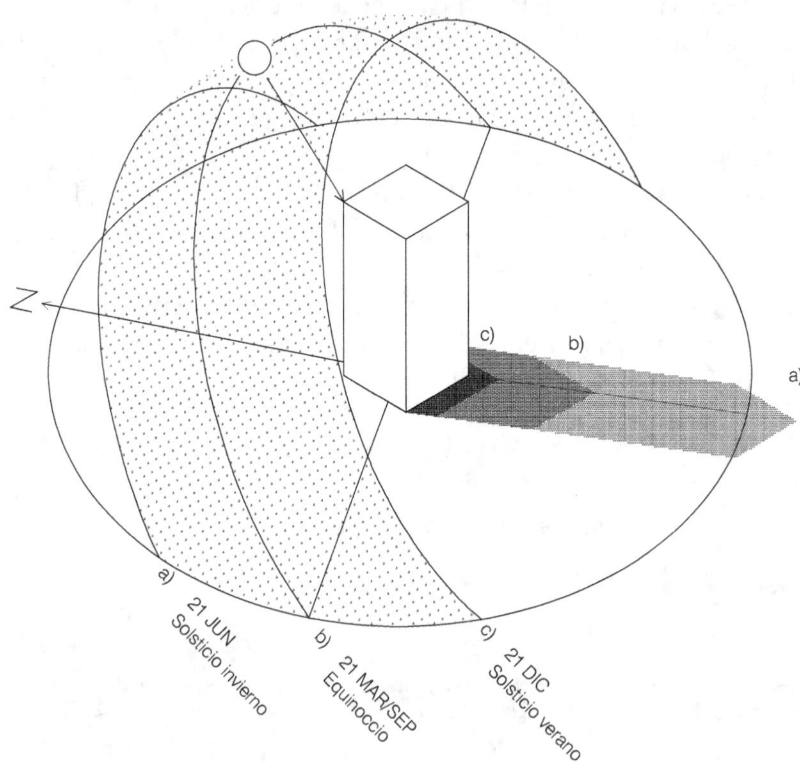

Ángulos de incidencia solar latitud 33° sur (Santiago de Chile)

1. LA ARQUITECTURA Y EL MEDIO

Para proyectar adecuadamente una Arquitectura Bioclimática, es necesario el conocimiento de ciertos conceptos básicos que se presentan a continuación:

1.1. CLIMA Y TIEMPO

El **tiempo** es el conjunto de los valores diarios de temperatura, lluvia, presión, viento, radiación solar, etc., mientras que el **clima** es el valor medio de esas variables durante un determinado periodo, que convencionalmente se establece en 30 años. Siendo todas ellas las condiciones que informan un proyecto de arquitectura bioclimática, es necesario contar con los datos del lugar que definen dichas variables, tanto macroclimáticas como microclimáticas.

Las **condiciones macroclimáticas** son consecuencia de la localización en una latitud y región determinadas. Los datos más importantes que las definen son:
- Temperaturas medias, mínimas y máximas
- Pluviometría
- Radiación solar incidente
- Dirección del viento dominante y su velocidad media

Las **condiciones microclimáticas** son consecuencia de la existencia de accidentes geográficos locales que pueden modificar las condiciones anteriores de forma significativa:
Pendiente del terreno, por cuanto determina una orientación predominante del edificio.
- Existencia cercana de **elevaciones** (otros edificios, árboles, montañas, etc.), por cuanto pueden influir como barrera frente al viento o frente a la radiación solar.
- Existencia de **masas de agua** cercanas, que reducen las variaciones bruscas de temperatura e incrementan la humedad ambiente.
- Existencia de **masas boscosas** cercanas.
- Existencia de **edificios**, que además de la sombra que proyectan, pueden alterar la inercia térmica del entorno.

Mientras las condiciones macroclimáticas no son alterables y tan solo podemos manejar sus efectos en el edificio, sí podemos modificar las condiciones microclimáticas a través del trabajo en el entorno de un edificio (añadiendo o retirando vegetación o agua, por ejemplo), lo cual nos indica que **la arquitectura bioclimática no termina en la piel del edificio.**

1.2. ORIENTACIÓN

La determinación de la orientación geográfica exacta del terreno donde se ha de proyectar una obra es fundamental, tanto para determinar correctamente la posición de la obra respecto del movimiento del sol, como para las direcciones del viento en las distintas épocas del año y por lo tanto de la lluvia en meses lluviosos.

En proyectos de vivienda, la orientación solar es un dato particularmente relevante, pues determina de antemano el rendimiento de un proyecto en función de las **crujías** proyectadas (doble crujía con exposición oriente-poniente o crujía simple con exposición norte-sur) y la posición de sus recintos principales [FIGURA 26].

FIGURA 26 • CRUJÍAS

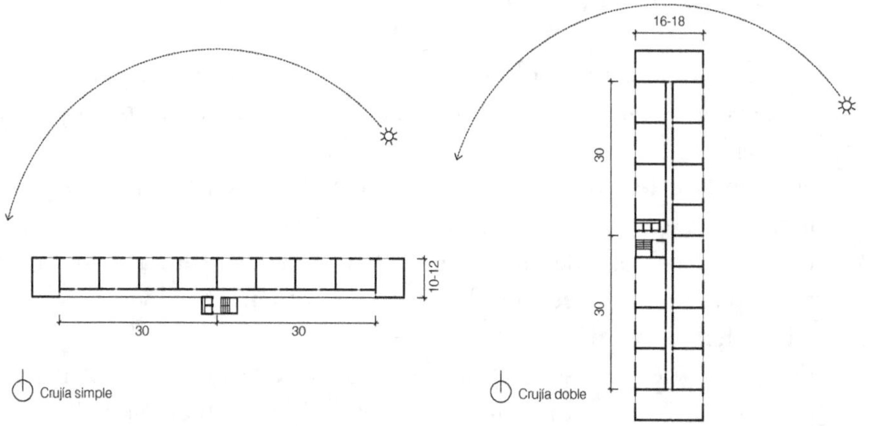

1.3. ASOLEAMIENTO

En términos generales, en nuestro hemisferio sur la fachada norte es la fachada solar, que nos permite captar y controlar la radiación del sol. La fachada sur es sombría casi todo el año (más o menos dependiendo de la latitud), mientras las fachadas oriente y poniente son de difícil control y su asoleamiento se reduce a solo unas horas al día, lo que disminuye su utilidad desde el punto de vista de la arquitectura solar.

Las condiciones de asoleamiento varían según la latitud geográfica, por lo que su conocimiento resulta fundamental para un adecuado diseño. En el caso de Chile, su territorio continental se emplaza entre los paralelos 17º y 56º de latitud sur, de modo que las condiciones de asoleamiento varían enormemente de una región a otra, además de las variaciones a lo largo del año.

1.4. VIENTOS PREDOMINANTES

La dirección del viento en las distintas épocas del año es un dato fundamental para el diseño bioclimático, tanto en el uso de su energía para calefaccionar, refrigerar y ventilar, como para determinar la dirección de las lluvias. En caso de vientos extremos, este puede ser un factor gravitante para determinar la forma del edificio (el empuje lateral del viento requiere un cálculo similar al antisísmico).

1.5. SENSACIÓN TÉRMICA Y CONFORT TÉRMICO

Entendemos por **sensación térmica** la temperatura que una persona percibe con una determinada combinación de temperatura del aire, velocidad de movimiento del aire y humedad del ambiente.

La sensación térmica se puede determinar con fórmulas sencillas, pero en general deben tenerse en cuenta los siguientes conceptos:
- Si hace frío, el viento aumentará la sensación de frío.
- Si hace frío, la humedad aumentará la sensación de frío.
- Si hace calor, una brisa reducirá la sensación de calor.
- Si hace calor, un exceso de humedad aumentará la sensación de calor.
- La exposición directa a la radiación calórica (sol, chimenea, estufa, etc.) aumenta la sensación de calor.

Entendemos por **confort térmico** el grado de satisfacción con la sensación térmica en un espacio, también en relación con la actividad que ahí se desarrolle: un gimnasio requerirá una sensación térmica más baja que un comedor, por ejemplo.

1.6. Fenómenos de transmisión del calor

• *Radiación*

El calor (energía) se transmite por ondas electromagnéticas, pasando de un cuerpo a otro a través del vacío o del aire. Es gracias a este fenómeno, por ejemplo, que el Sol calienta la superficie terrestre [Figura 27].

Figura 27 • Radiación

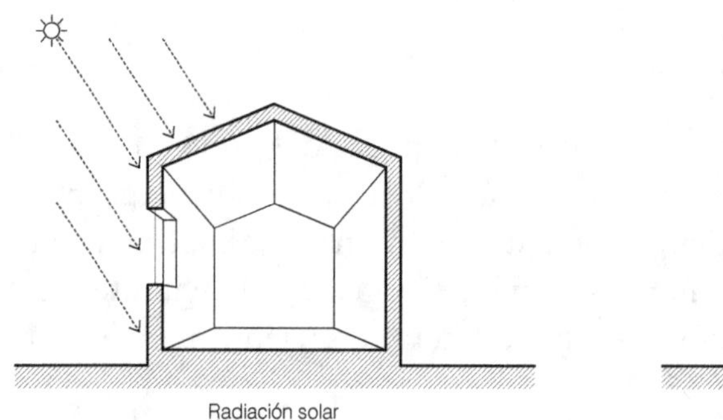

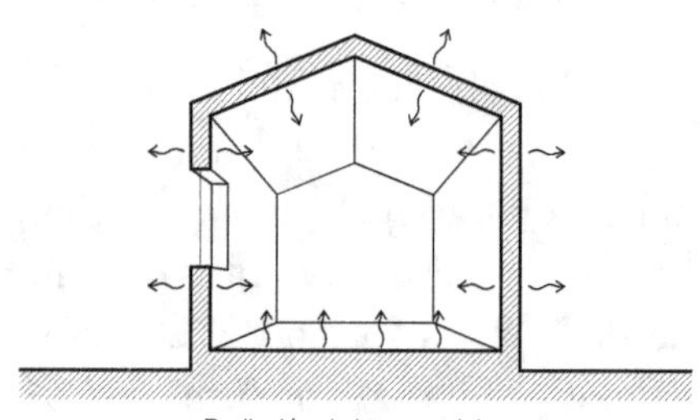

• **Conducción**

Transmitiéndose entre moléculas vecinas, el calor puede atravesar un cuerpo o pasar entre dos cuerpos que estén en contacto. En general, mientras más denso es un material, mejor conductor es del calor; por ello el acero es mejor conductor térmico que la madera, que es menos densa. Este fenómeno explica por qué, en invierno, una ventana de cristal simple pierde calor por conducción hacia el exterior de un edificio, y por eso al tocarla desde el interior de un recinto se siente fría [Figura 28].

• **Convección**

El movimiento del aire puede transportar el calor desde superficies cálidas a aquellas más frías. El aire, al calentarse en contacto con superficies calientes, se expande y se hace más liviano, ascendiendo. Al entrar en contacto con objetos más fríos, se enfría y vuelve a ser más denso, por lo que baja nuevamente, para volver a calentarse y subir una vez más, en un ciclo. Esto hace que en un recinto con el suelo más caliente que el cielo haya

FIGURA 28 • CONDUCCIÓN

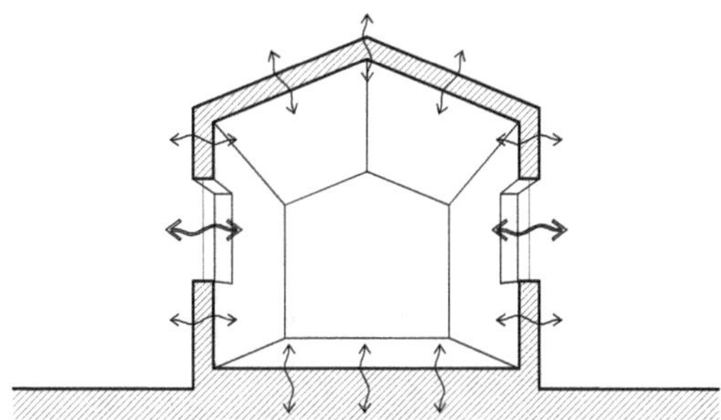

FIGURA 29 • CONVECCIÓN

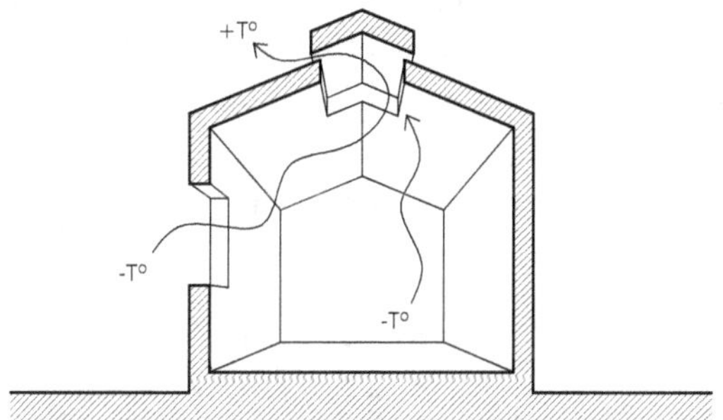

FIGURA 30 • ESQUEMA BIOCLIMÁTICO EN UNA EDIFICACIÓN

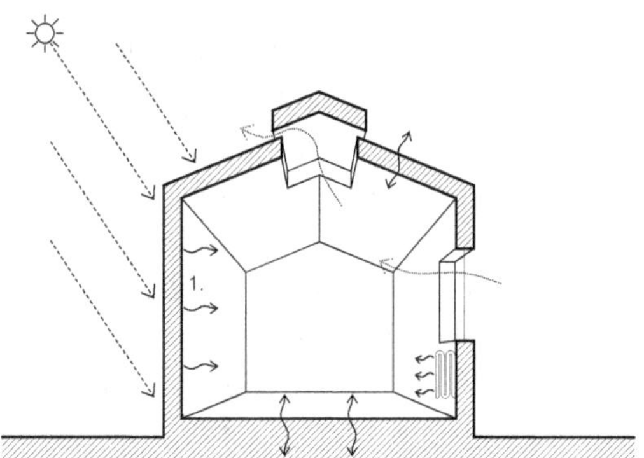

1. Masa térmica
——— Flujos de calor
- - - - Corrientes de viento

constantes corrientes de aire caliente que sube y aire fresco que baja. Es así que el aire caliente de un recinto se escapa al exterior a través de rendijas o aberturas superiores, y este fenómeno puede ser aprovechado para ventilar o calefaccionar recintos sin ayuda mecánica [FIGURAS 29 Y 30].

2. ARQUITECTURA SOLAR PASIVA

La arquitectura solar pasiva existe desde que el hombre salió de las cavernas para construir edificios e ideó maneras de protegerse de –y al mismo tiempo aprovechar– los elementos naturales. La arquitectura moderna y la contemporánea se hacen parte explícitamente de esta tradición.

Se debe entender que la energía del Sol es un bien preciado, del cual además de protegernos debemos aprender a manejar, tanto para calefaccionar los edificios en invierno como para refrescarlos en verano. De la adecuada orientación de un edificio, y de la adecuada disposición de sus recintos en función de su asoleamiento (especialmente cuando se trata de viviendas), dependerá la calidad ambiental del proyecto.

2.1. REGLAS FUNDAMENTALES PARA UNA ARQUITECTURA SOLAR PASIVA

Se exponen a continuación una serie de reglas fundamentales para el adecuado desarrollo de una arquitectura solar pasiva. Naturalmente, dichas reglas siempre deberán ser sopesadas según su conveniencia al proyecto de arquitectura.

Es recomendable que el edificio sea alargado en el sentido norte-sur (es decir, con fachadas principales al oriente y poniente), pues así se logra la mayor exposición de su perímetro al sol.

- Los espacios interiores que requieren la mayor luz y calefacción (normalmente los de uso más intensivo), deben tener fachada hacia el norte del edificio, mientras los menos utilizados deben quedar al sur.
- La continuidad espacial entre los recintos optimiza los sistemas pasivos.
- Se debe analizar la diferencia de ángulo de las sombras proyectadas por un mismo elemento en verano e invierno (aleros o balcones, por ejemplo) para controlar la incidencia del sol al interior de un recinto (sombrío en verano y soleado en invierno).
- Los paños vidriados deben orientarse mayoritariamente hacia el norte, para evitar la pérdida calórica en invierno.

- Conviene usar masa térmica para absorber, almacenar y distribuir el calor.
- No se debe revestir con materiales aislantes los recintos térmicos.
- Se debe utilizar colores oscuros para los muros masivos, de modo de aumentar su absorción calórica, dejando los colores claros para aquellos de estructura liviana.
- Conviene rellenar las cavidades de las estructuras con hormigón, tierra u otro material masivo para aumentar la masa térmica.
- Preferir como acumuladores de calor recintos habitables (por ejemplo, galerías e invernaderos) más que tan solo muros masivos.
- Aislar adecuadamente los tabiques para evitar pérdidas de calor no deseadas por conducción.
- Evitar el uso de elementos no masivos altamente conductores del calor, también llamados puentes térmicos, tales como marcos de acero o aluminio en ventanas y puertas (salvo que incorporen elementos interruptores del puente térmico).
- Utilizar vidrios dobles (termopanel), que con una pequeña capa de aire entre ellos reducen significativamente la conducción térmica del vidrio.
- Cuidar la estanqueidad de los recintos para evitar pérdidas de calor por conducción (pérdidas de aire).
- Permitir flexibilidad invierno-verano y noche-día en las pieles perimetrales del edificio.

2.2. CALEFACCIÓN SOLAR POR APORTES PASIVOS

• Captación solar directa (ganancia directa de energía a través de vidrios)

En este sistema, el espacio habitable es el colector solar, un amortiguador y distribuidor del calor. El cristal hacia el norte permite el ingreso de la radiación solar al interior de los recintos durante el día, calentando los materiales acumuladores de calor por su masa (pisos, muros, losas). Gracias al fenómeno de inercia térmica, los elementos masivos estarán templados y no calientes durante el día, mientras que durante la noche liberarán por radiación el calor al interior del recinto [FIGURA 31].

• Captación solar indirecta (a través de muros acumuladores térmicos)

Masa como acumulador de calor (efecto invernadero, muros, suelos). Este sistema bioclimático, usado desde la antigüedad, especialmente en

FIGURA 31 • CAPTACIÓN SOLAR DIRECTA (A TRAVÉS DE VIDRIOS)

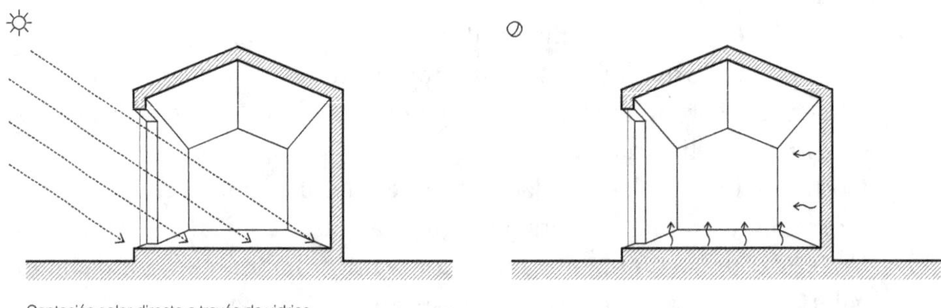

Captación solar directa a través de vidrios

FIGURA 32 • CAPTACIÓN SOLAR INDIRECTA (A TRAVÉS DE MUROS)

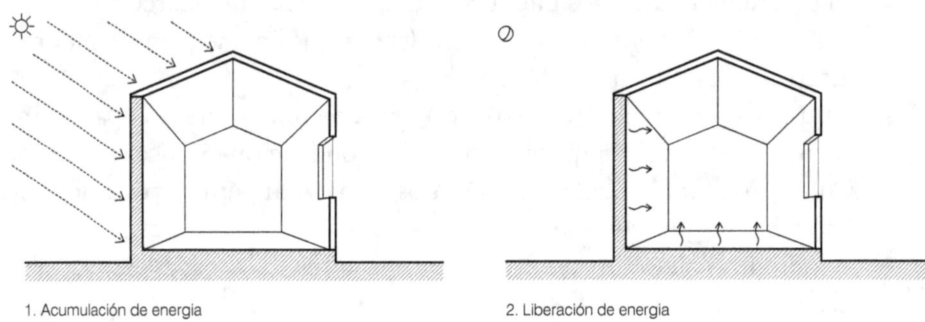

1. Acumulación de energia

2. Liberación de energia

regiones de días muy cálidos y noches frías o frescas, con inviernos temperados (mediterráneo, desiertos, altiplano, etc.), utiliza las envolventes del edificio como masa acumuladora de calor, obtenido directamente de la radiación solar, que mediante el fenómeno de inercia térmica, no permite el ingreso del calor al interior de los recintos durante el día, manteniéndolos frescos, pero lo irradia al interior durante la noche, templándolo. Este sistema requiere muros de materiales muy masivos y gruesos, como adobe, piedra, hormigón armado o bloques de hormigón [FIGURA 32].

• *Muro Trombe (invierno)*

Con este sistema, la radiación solar no ingresa al recinto, sino que el muro acumulador solar está inmediatamente contiguo al exterior, y

FIGURA 33 • MURO TROMBE

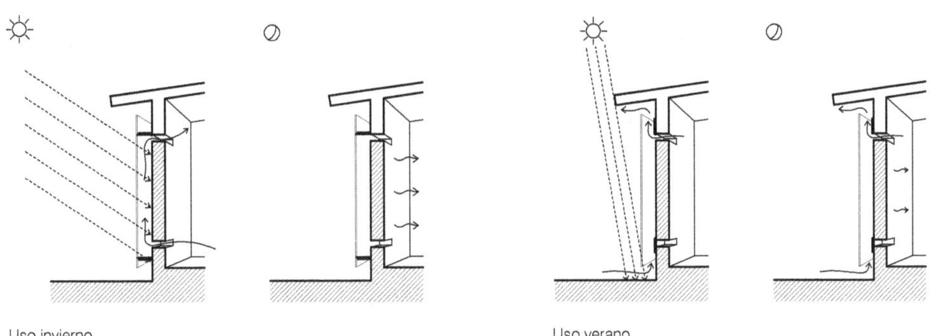

difunde el calor hacia el interior por convección y radiación. Este sistema es especialmente recomendable cuando, por razones de programa, no se desea el ingreso directo de rayos solares a un recinto, así como para recintos que deben estar completamente oscuros [FIGURA 33].

• *Acumuladores térmicos de agua*

El agua es un elemento con gran inercia térmica. Esta característica, junto a su economía, la convierten en un material alternativo a los tradicionales para lograr una masa acumuladora de calor [FIGURA 34].

FIGURA 34 • ACUMULADORES TÉRMICOS DE AGUA

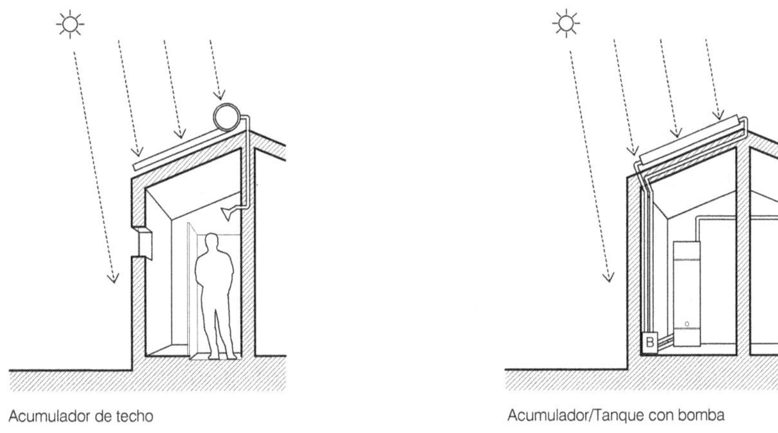

- ***Muros de agua (sistema drumwall o muro de bidones)***

Similarmente a los muros acumuladores de calor de materiales masivos (hormigón, adobe, piedra, albañilería, etc.), se puede construir acumuladores térmicos con recipientes de agua, bidones o cañerías, pintados de color oscuro. Estos muros poseen una gran inercia térmica y resultan mucho más económicos que los de materiales masivos. También se puede construir tabiques con materiales impermeables plásticos, de metal u hormigón, rellenos de agua.

- ***Piscinas de techo***

La cubierta de un edificio es la cara más expuesta al sol, tanto que hace difícil su control solar. El sistema de piscina de techo permite generar un gran acumulador térmico sobre él.

- ***Captación aislada***

El sistema de captación aislada, a diferencia del anterior, almacena el calor en recintos aparte de los recintos habitables principales del edificio. Esto puede ser mediante un recinto especialmente diseñado para almacenar calor (por ejemplo un desván o entretecho) y redistribuirlo después mediante convección al interior del edificio, o mediante un recinto habitable, como un invernadero, lo que tiene ventajas arquitectónicas importantes.

- ***Invernadero acumulador adosado a la fachada norte***

El invernadero actúa como espacio captador y acumulador de calor. Además cuenta con un muro acumulador solar, que lo separa del espacio a calefaccionar y que liberará calor durante la noche, tanto para calefaccionar el interior como el invernadero. Con algunos ajustes, este sistema permite ventilar en verano.

3. PROTECCIÓN SOLAR (ALEROS, QUIEBRASOLES, CELOSÍAS)

El diseño de elementos de protección solar depende fundamentalmente de la orientación de la fachada a proteger. Con respecto a protecciones paralelas al plano de la fachada, en general podemos decir que:

Las protecciones solares para fachadas norte son horizontales (pues el sol está en el cénit).

Las protecciones para fachadas oriente y poniente son verticales (pues el sol está rasante).

Las orientaciones intermedias requerirán protecciones compuestas. El cálculo de las dimensiones y orientación de las protecciones debe hacerse considerando los ángulos solares de invierno y verano, mañana y tarde.

Los ángulos de incidencia del sol cambian según la latitud y la época del año. Las dos situaciones extremas de inclinación solar ocurren en los solsticios de invierno y verano (21 de junio y 21 de diciembre en el hemisferio sur, que en Santiago corresponden a 32° y 82° de elevación del sol en su cénit sobre el horizonte, respectivamente).

Las protecciones solares son básicamente de dos tipos: aleros horizontales y quiebrasoles verticales, que en el diseño se pueden expresar en forma de aleros, quiebrasoles, celosías, persianas o vanos profundos y protecciones externas como parrones o vegetación. Todos ellos generarán una zona sombreada que variará con la época del año [FIGURA 35].

FIGURA 35 • PROTECCIONES SOLARES

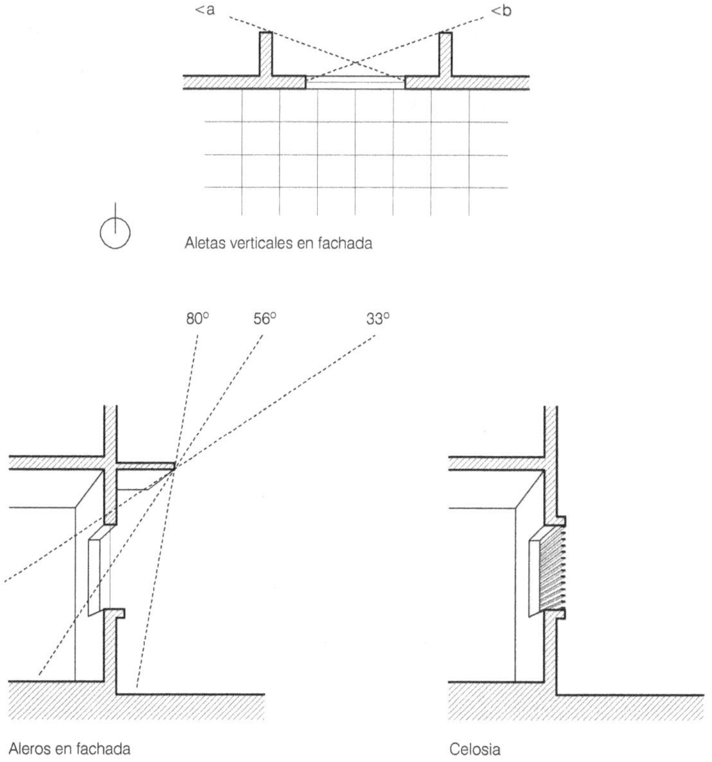

3.1. TIPOLOGÍAS DE PROTECCIÓN SOLARES Y SUS MÁSCARAS DE SOMBRAS

• *Vegetación*

La vegetación es un recurso efectivo para sombrear un edificio o un espacio exterior, ya sea a través de estructuras adosadas al edificio (parrones horizontales o verticales) o de árboles plantados en las inmediaciones. En todo caso, deben considerarse especies caducas para detener el sol en verano y permitir su paso al perder sus hojas en invierno.

• *Evapotranspiración y enfriamiento evaporativo*

La experiencia enseña que en sectores de abundante vegetación o cercanos a ríos, esteros o grandes masas de agua, existe naturalmente una temperatura más baja. Esto se explica por dos fenómenos que podemos utilizar como estrategia bioclimática en nuestros proyectos. La vegetación transpira y al mismo tiempo su fluido se evapora, fenómeno que se denomina **evapotranspiración** y que podemos utilizar como regulador de temperatura ambiente en proyectos de arquitectura. Para ello se recomienda situar vegetación en el entorno exterior de las ventanas de un recinto, de modo que el aire humedecido pueda ingresar al interior de la vivienda, gracias a las corrientes de aire, y tener un efecto en la sensación térmica. De igual manera se puede lograr este efecto con la colocación de masas de agua contiguas a la edificación, proceso denominado **enfriamiento evaporativo** [FIGURA 36].

FIGURA 36 • EVAPOTRANSPIRACIÓN Y ENFRIAMIENTO EVAPORATIVO

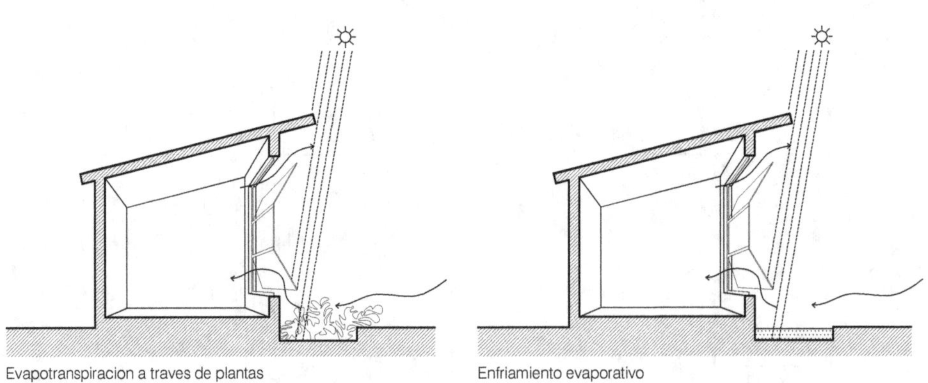

4. VENTILACIÓN

La ventilación de los recintos es fundamental, tanto para lograr la renovación del aire por motivos higiénicos, como para contribuir al acondicionamiento climático del edificio. Los elementos de control de la ventilación deben ser móviles, de modo de permitir una flexibilidad de usos entre periodos cálidos y fríos (verano-invierno, día-noche).

Verano:
- El aire en movimiento aumenta el confort térmico, al bajar la sensación térmica.
- El aire en movimiento puede extraer el calor acumulado en recintos y elementos constructivos (muros, suelos y techos).

Invierno:
- El aire en movimiento puede transportar calor a las zonas que se requiera calefaccionar. Un mínimo de ventilación es siempre necesario para evitar los procesos de condensación al interior de los recintos, además recordemos que un exceso de humedad aumenta la sensación térmica de frío. Deben evitarse las ventilaciones no deseadas (filtraciones de aire) que provocarán pérdidas de calor.

4.1. VENTILACIÓN ARTIFICIAL

Los sistemas de ventilación artificial o mecánicos se dividen fundamentalmente en dos tipos:
- Aire acondicionado, que inyecta aire artificialmente enfriado o calentado a un recinto, según sea necesario, mientras extrae de él aire caliente o fresco, respectivamente.
- Sistemas mecánicos de extracción, ventilación o recirculación de aire, que simplemente renuevan la masa de aire de un recinto y/o producen corrientes de aire al interior del mismo.

Estos sistemas implican consumo de energía artificial y la existencia de máquinas y ductos al interior del edificio.

4.2. VENTILACIÓN PASIVA

Como se explica en el capítulo de calefacción solar pasiva, muchos de los mismos elementos, con pequeños ajustes estacionales, cumplen la función de ventilar en las estaciones cálidas, con el consiguiente ahorro energético, a la vez que aportando una lógica estructural más compleja a estos elementos [FIGURA 37].

FIGURA 37 • VENTILACIÓN PASIVA

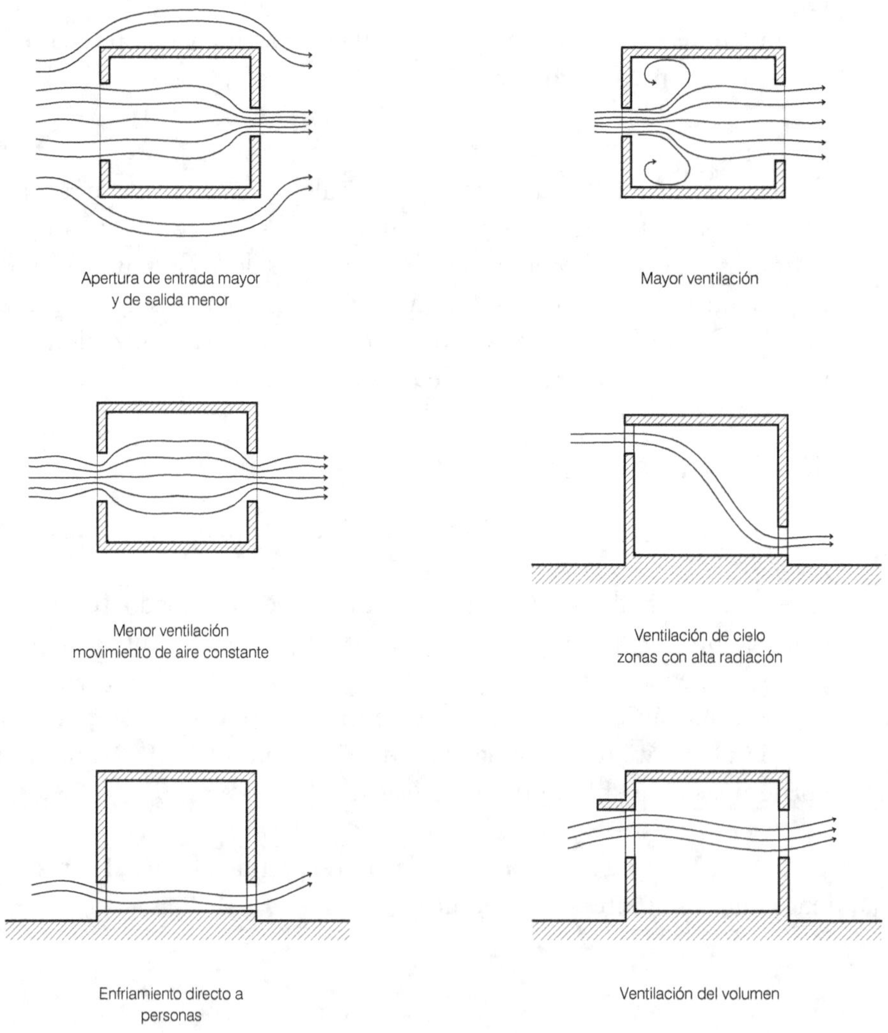

Apertura de entrada mayor
y de salida menor

Mayor ventilación

Menor ventilación
movimiento de aire constante

Ventilación de cielo
zonas con alta radiación

Enfriamiento directo a
personas

Ventilación del volumen

4.3. Ventilación cruzada

Es el más básico de los sistemas de ventilación. Tiene la ventaja de servir a recintos con orientación norte-sur y oriente-poniente, en la medida que las fachadas de los vanos que ventilan estén en distintas condiciones térmicas o de viento. Básicamente, la ventilación cruzada consiste en hacer pasar el aire por una habitación, renovándolo. En habitaciones en situación estanca (de "fondo de saco"), el aire cálido del interior se expande y presiona para salir del recinto, impidiendo la entrada del aire fresco. En un recinto con vanos opuestos, la diferencia de presión en los exteriores genera convección al interior de este. La ventilación cruzada es uno de los más elementales factores de bienestar y habitabilidad al interior de una vivienda moderna [Figura 38].

Figura 38 • Ventilación cruzada

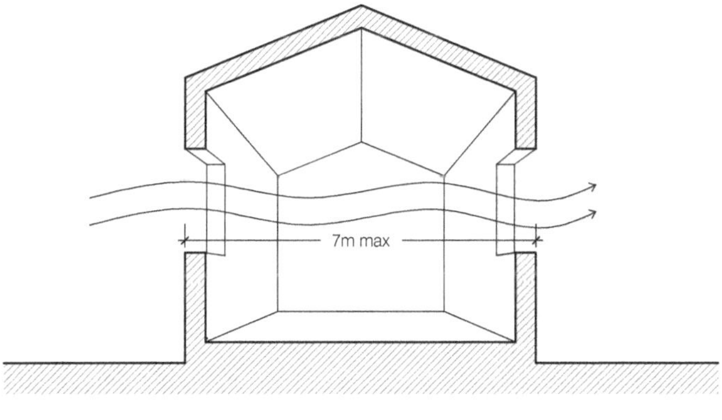

4.4. Muros en ALA

Consisten de paneles perpendiculares a los muros, inmediatamente junto a las ventanas, en la fachada orientada al viento predominante (barlovento). Los muros en ala aceleran la velocidad natural del viento debido a la diferencia de presión generada a ambos lados del muro, similar a lo que ocurre con un ala de avión [Figura 39].

FIGURA 39 • MUROS EN ALA

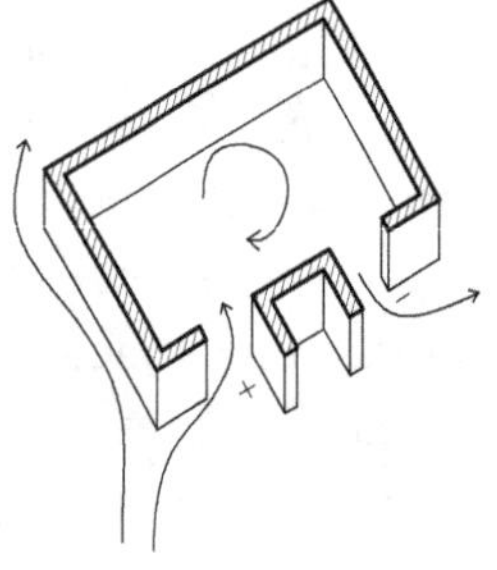
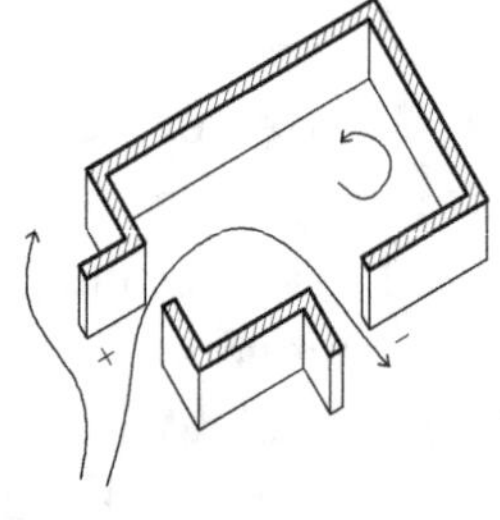
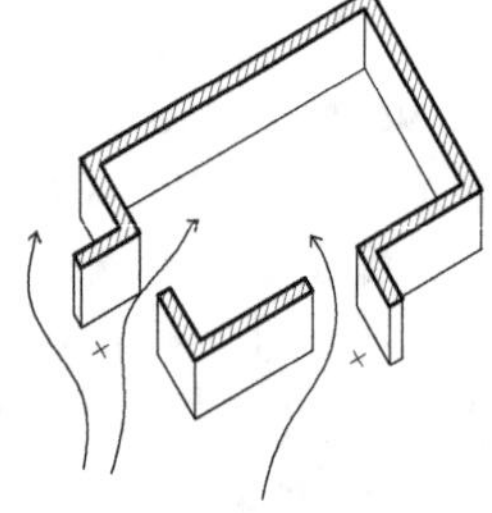

4.5. CHIMENEA TÉRMICA

Una chimenea térmica emplea corrientes convectivas para hacer circular el aire de un edificio, mediante la creación de una zona caliente con apertura al exterior, y permitiendo la entrada de aire fresco desde el exterior sombreado. Además de elementos y espacios diseñados exclusivamente como tales, varios de los elementos revisados en la sección de calefacción solar pueden ser convertidos en chimeneas térmicas con solo hacer pequeños ajustes [FIGURA 40].

FIGURA 40 • CHIMENEA TÉRMICA

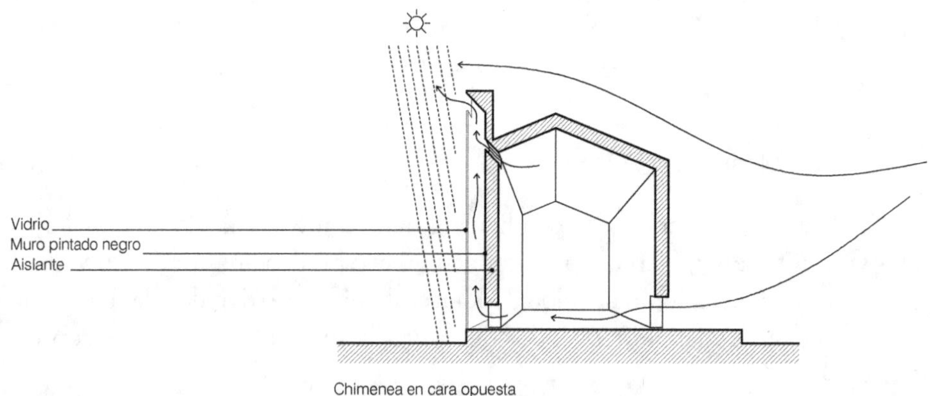

Chimenea en cara opuesta
de los vientos predominantes

4.6. Invernadero acumulador de calor (verano)

Para que un invernadero provea a un edificio ventilación en verano, requiere tener aperturas en la parte superior para dejar salir el aire calentado. El muro acumulador de calor no debe recibir radiación solar en el periodo cálido (pueden utilizarse protectores solares móviles o simplemente aprovechar los diferentes ángulos solares de invierno y verano). Las ventilaciones superiores del muro acumulador deben estar cerradas para no dejar pasar el calor que se acumula en la parte alta del invernadero [FIGURA 41].

Figura 41 • Invernaderos

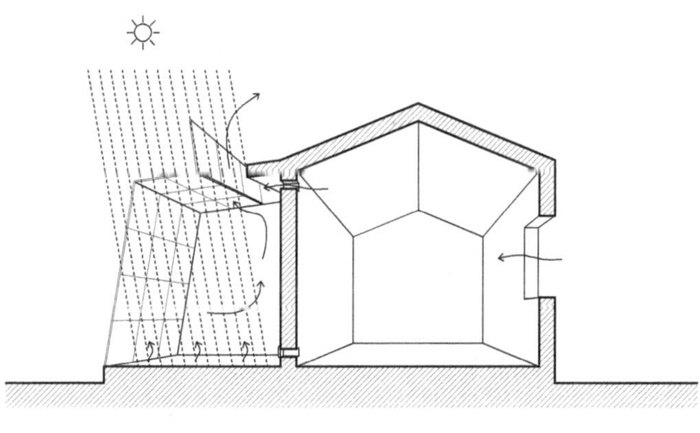

Verano

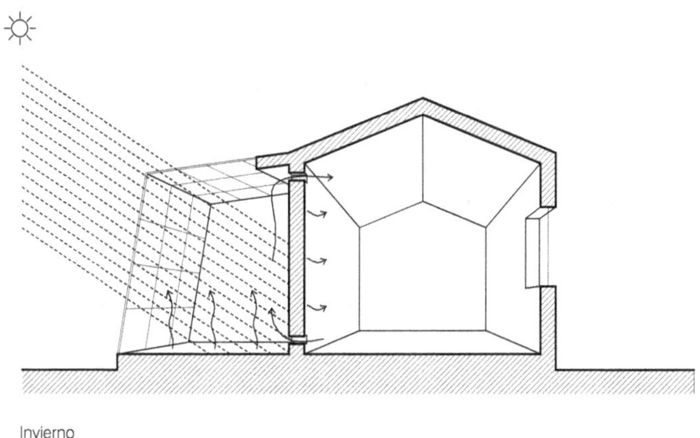

Invierno

4.7. Muro trombe (verano)

Análogo al funcionamiento de la chimenea térmica descrita anteriormente. La masa caliente del muro (gracias al efecto invernadero) produce la convección del aire caliente, forzando una corriente al interior del recinto [VER FIGURA 33].

5. CONSERVACIÓN DEL CALOR EN LOS EDIFICIOS

En los períodos fríos, especialmente en invierno y las noches de zonas frías o de alta fluctuación térmica, la conservación de la energía calórica al interior de los edificios es fundamental. Ya hemos hablado de los tres mecanismos de transmisión del calor: **convección, radiación y conducción**. En un edificio, se produce pérdida de calor por el efecto combinado de los tres. En el interior, y desde el interior hacia el exterior, el calor se transmite entre las envolventes (muros, techos, suelos) principalmente por radiación, y entre los paramentos y el aire interior principalmente por convección. El calor se transmite a través de los paramentos por conducción, hasta alcanzar el exterior del edificio, donde se disipa por convección y radiación.

5.1. Estanqueidad

Deben reducirse al mínimo las filtraciones de aire al exterior, especialmente a través de las juntas de puertas y ventanas, así como por espacios diseñados para la ventilación de verano. En zonas extremas, de muy bajas temperaturas o fuertes vientos, deben ejecutarse esclusas de acceso a los edificios, que impidan la entrada de chiflones de aire y la consecuente pérdida de calor. No obstante, es necesario permitir una ventilación controlada de los recintos, para evitar la acumulación de humedad y la condensación, fenómenos que disminuyen la sensación térmica.

5.2. Aislación térmica

Para reducir la pérdida de calor por conducción a través de las envolventes, se intercalan capas de material aislante entre ellos. Existe una amplia gama de materiales aislantes, pero el principio fundamental de todo aislante térmico es su baja densidad; es decir, que incorpora o atrapa celdillas de aire quieto.

El aire atrapado es en sí mismo también un excelente aislante, siempre que no pueda sufrir convección.

5.3. Ruptura de puentes térmicos

Los elementos de alta conducción térmica pueden conducir el calor desde el interior al exterior. Suelen actuar de puentes térmicos los marcos metálicos de puertas y ventanas y los vidrios. Para romper el puente térmico, se intercalan capas de aire, de material aislante o se construyen muros y tabiques dobles, cuyas caras exteriores no tienen contacto entre sí.

La condición de puente térmico de los paños vidriados se evita con la utilización de los llamados "termopaneles", compuestos de dos vidrios con una cámara de aire atrapado entre ellos a una distancia entre 8 y 12 mm (dimensión que evita la convección del aire al interior de la cámara).

CAPÍTULO III:
ILUMINACIÓN Y ACÚSTICA

1. ILUMINACIÓN

1.1. Conceptos

La iluminación es una de las herramientas disponibles para diseñar espacio. En relación a un proyecto de arquitectura, es conveniente recordar las diversas funciones de la iluminación y sus respectivas aplicaciones en el proyecto:

1.2. Desempeño de funciones

Iluminación para desempeñar trabajo (lectura próxima o lejana, manualidades)

• *Para destacar o realzar espacio y estructura*

Es solo a través de la presencia de la luz que el volumen espacial, los planos, el ornamento y el color son revelados. A lo largo de la historia, los sistemas estructurales y constructivos han evolucionado en parte como respuesta a los deseos estéticos y funcionales de lograr luz de una calidad determinada. El progreso desde los muros portantes hasta el muro cortina fue logrado gracias al ímpetu de nuevas tecnologías (tanto materiales como técnicas), de la evolución de anhelos culturales por ciertas características espaciales, y por el deseo de admitir al interior de los recintos una luz de cualidades particulares, como ocurre con el ventanal de la catedral gótica, el óculo del barroco o el muro de cristal de la Bauhaus. Con el advenimiento de sistemas de iluminación eléctrica, el vínculo entre estructura y luz deja de ser imprescindible, si bien la arquitectura sigue rindiendo tributo a esta relación histórica. No debe ser casualidad que, en nuestro idioma, el concepto de la capacidad de una estructura de salvar una distancia entre apoyos se denomine "luz". La arquitectura moderna expresa en sus postulados la voluntad de poner la luz natural al servicio de valores estéticos e incluso éticos, al vincularla con nociones de higiene, bienestar y optimismo social.

• *Para focalizar la atención*

La calidad de la luz en un espacio afecta profundamente la percepción de ese espacio. La secuencia temporal y espacial de la mirada del observador (los primeros factores de comprensión de un espacio) está normalmente definida por las variables cualidades y distribución de luz en el espacio. La luz atrae la atención a los puntos de interés y ayuda al usuario a orientarse.

• *Seguridad*

La iluminación puede mejorar la visibilidad y, por lo tanto, otorgar un sentido de seguridad. También puede ser usada para advertir de peligros, tales como un cambio de nivel en el suelo u objetos en movimiento.

1.3. Aspectos a considerar en el diseño de la iluminación

Un buen diseño de iluminación permite VER (en el sentido de facilitar tareas visuales tales como lectura y manualidades) y PERCIBIR EL ESPACIO con sus diversas cualidades: volumen, color, textura, etc.

Para desempeñar tareas visuales, se requiere una cantidad de luz suficiente para ese efecto. Técnicamente, la cantidad de luz se evalúa en términos de luz incidente o la luz que cae sobre una superficie. Esta luz, llamada **luminancia**, se mide en candelas o lux.

Pero la luz necesaria para desempeñar tareas visuales también es influida por el medio ambiente, debiéndose evitar excesivos contrastes, deslumbramientos o distracciones, para lo cual es necesario considerar siempre la posición de la fuente de luz en relación a la tarea y al ojo del observador. También es conveniente tener en cuenta las propiedades físicas de la luz, las que pueden informar el diseño: refracción, difracción y reflexión.

El apropiado manejo de la iluminación puede producir impresiones subjetivas deseadas: claridad visual, sensación de espacio, relajación, atención, privacidad, intimidad, alegría, quietud. Debe pensarse en la iluminación como un elemento intrínseco del diseño, y no como un agregado posterior. La iluminación puede ser un posible punto de partida para la arquitectura (museos y galerías, bibliotecas, etc.). La fuente de luz (lámpara, ventana, tragaluz) puede convertirse en un objeto de diseño de la mayor importancia, frecuentemente abordado por los arquitectos con particular voluntad.

Otros factores que influyen en la calidad de la luz son su color (también conocido como **temperatura de la luz**) y tamaño de su fuente, que dependen del sistema de generación de luz (natural, incandescente, fluorescente, LED y descarga de alta intensidad). La forma y tamaño incluye elementos puntuales (focos, ampolletas, diodos), lineales (tubos fluorescentes, linestras, neón, cintas LED) y de área (ventanas, lucarnas, paneles LED).

En general, es de interés para el diseño de iluminación utilitaria lograr una relativa uniformidad de luz sobre los planos horizontales, tanto para evitar contrastes de luz que fatigan la visión, como para permitir una flexibilidad en el uso de la planta.

Sea natural o artificial, en general la iluminación de un recinto combina luz puntual y directa con luz ambiental e indirecta (reflejada). Debe evitarse el encandilamiento y el excesivo contraste, y debe considerarse cuidadosamente el efecto ambiental del sol directo en recintos y materiales. Es en este último sentido que la orientación solar ejerce una influencia fundamental en las definiciones de un partido de arquitectura.

Actualmente debemos considerar las condiciones de iluminación derivadas del uso de las pantallas digitales. A su uso le favorece la penumbra y la iluminación debe ser lateral; si es de frente deslumbra y no se ve la imagen adecuadamente y si es por atrás produce reflejos incómodos.

Cada vez es más frecuente el uso del estar unido al comedor y la cocina en un solo recinto. Para esto es conveniente que la cocina y el comedor se ubiquen en el sector más iluminado y las zonas de estar en lugares más sombríos, dado que en torno a la mesa y la cocina se desarrollan actividades que requieren luz y en cambio en el estar se conversa y frecuentemente se ve televisión, actividades que se ven favorecidas por la penumbra [FIGURAS 42 Y 43].

FIGURA 42 • ILUMINACIÓN ARTIFICIAL

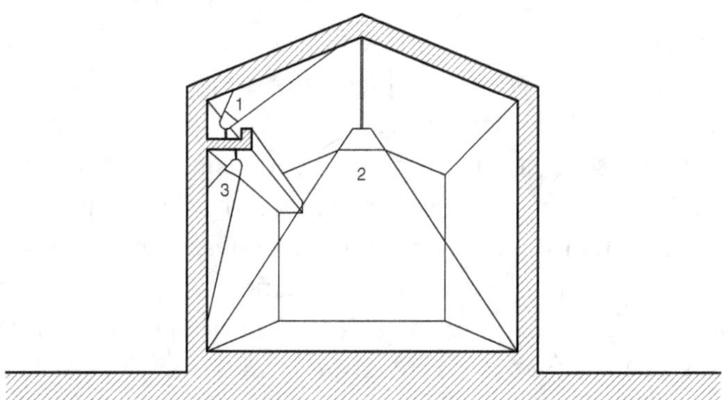

1. Reflejada
2. Directa
3. Focal

FIGURA 43 • ILUMINACIÓN NATURAL

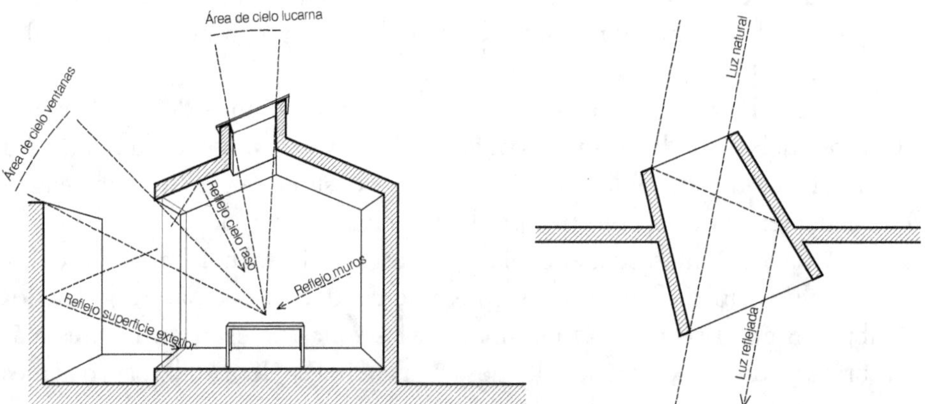

2. ACÚSTICA

2.1. Conceptos

En el manejo acústico de un edificio se persiguen principalmente los siguientes objetivos: **estanqueidad acústica**, donde idealmente cada recinto de un edificio debiera ser acústicamente estanco, es decir que no debieran transmitirse los sonidos y ruidos desde él al exterior u otros recintos, y viceversa, y **acondicionamiento acústico** de los recintos de acuerdo con sus peculiaridades programáticas y espaciales (por ejemplo, un teatro o sala de clases).

• *Transmisión del sonido*

El sonido se propaga mediante ondas, a través de gases, líquidos y sólidos, y no se transmite en el vacío. Al igual que otras ondas, sufre alteraciones por la distancia entre emisor y receptor, en contacto con cuerpos o cambios en el medio de transmisión (densidad, temperatura, viento, etc.).

El sonido es una alteración de las partículas del aire, por lo tanto el movimiento de este altera su propagación: a favor del viento su alcance es mayor y en contra del viento es menor. En condiciones neutras, el volumen del sonido disminuye en una relación inversamente proporcional al cuadrado de la distancia recorrida (si el volumen es A en el punto de origen, es A/9 a 3 m de distancia).

• *Reflexión*

Cuando la onda de sonido choca con un cuerpo, parte de su energía es disipada en el objeto y el resto es reflejada. La energía disipada es mayor en materiales de superficie blanda y en elementos móviles, por lo tanto el sonido reflejado es menor [FIGURA 44].

FIGURA 44 • COMPORTAMIENTO DEL SONIDO EN DISTINTAS SUPERFICIES

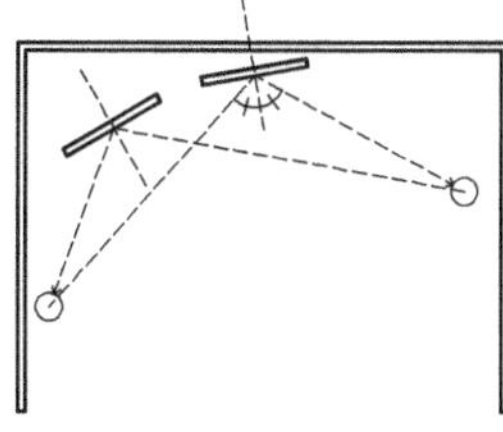
Dirección angulos

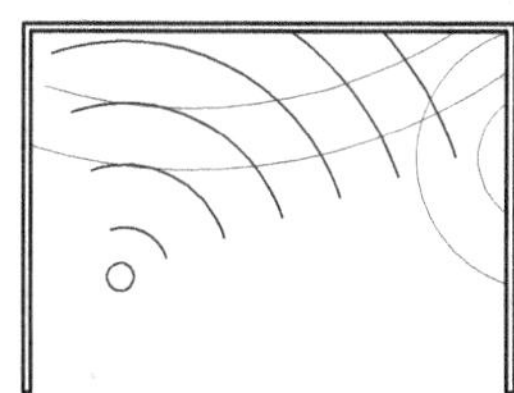
Superficies planas

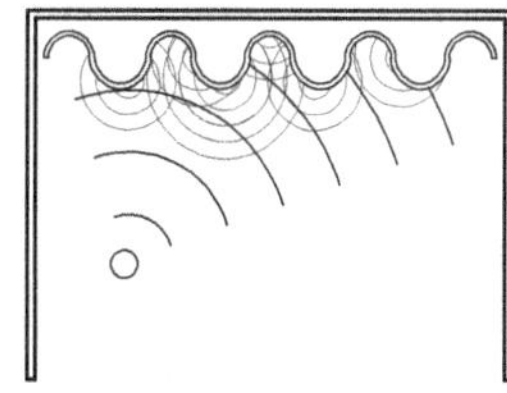
superficies rugosas

• *Estanqueidad acústica*

La estanqueidad acústica de un recinto se logra principalmente mediante la absorción y aislación del ruido, mediante elementos y materiales adecuados. Para esto se utilizan principalmente dos estrategias: barreras acústicas y absorbentes acústicos.

2.2. Barreras acústicas

• *Materiales aislantes acústicos*

Mientras mayor es la masa de un elemento, mayor es su capacidad de atenuar el sonido, por ello son materiales aislantes acústicos todos aquellos elementos macizos de **alta densidad** (láminas metálicas, hormigón, yeso, dobles vidrios, etc.). Los sonidos de frecuencias altas son más fáciles de aislar que los de frecuencias bajas. Para frecuencias bajas, debe disponerse de sistemas discontinuos de barreras acústicas de alta densidad; es decir, impidiendo la transmisión de vibraciones entre barreras. Por ejemplo, para aislar el ruido de una pista de baile, esta debería proyectarse como una caja aislada dentro de otra caja edificada.

Los aislantes térmicos jamás son aislantes acústicos, aunque sí pueden servir como absorbentes acústicos.

• *Absorbentes acústicos*

Los absorbentes acústicos buscan disipar la onda sonora, evitando su reflexión y transmisión. Se logran mediante elementos texturados y porosos, impidiendo la continuidad de los elementos constructivos entre dos recintos, ya sea separando los elementos (dobles tabiques sin contacto entre sí) para evitar la transmisión del sonido a través de ellos, o intercalando materiales de distintas densidades para deformar la onda sonora. Son más efectivos para sonidos de frecuencias altas.

• *Protección del ruido exterior (calle)*

Para evitar el ingreso de ruidos molestos desde el exterior, se pueden diseñar barreras acústicas en los exteriores además del uso de materiales aislantes y absorbentes acústicos en las envolventes:
– Muros masivos como barrera acústica
– Ventanas con doble o triple vidrio (con cámaras de aire)

FIGURA 45 • PROTECCIÓN DEL RUIDO EXTERIOR

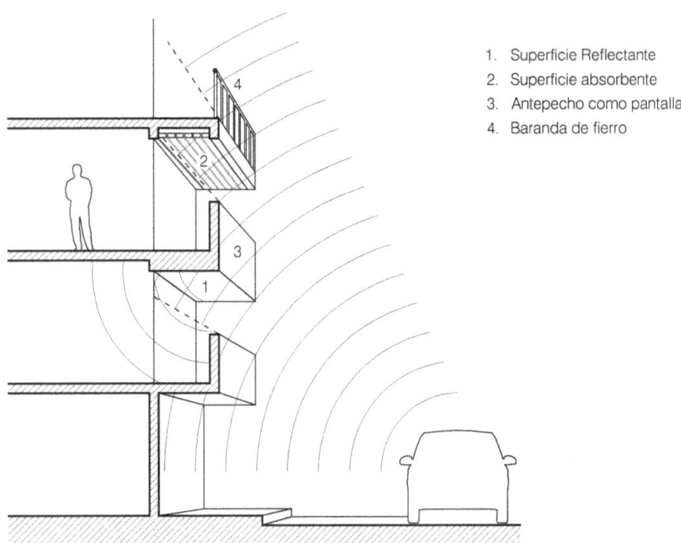

– Balcones con barreras y absorbentes acústicos (de acuerdo a esquema)
– Vegetación como absorbente acústico
– Ubicación del edificio en dirección contraria a la del viento [FIGURA 45].

2.3. ACONDICIONAMIENTO ACÚSTICO DE LOS RECINTOS

De acuerdo con sus peculiaridades programáticas y espaciales, los recintos requieren distintas calidades acústicas. Un comedor de uso público requiere la mínima reverberación posible, para que no sea molesto sostener una conversación, mientras que un auditorio requerirá reflejar el sonido de modo que se escuche adecuadamente hasta el fondo de la sala.

En el diseño de un auditorio es fundamental que todos los espectadores puedan escuchar adecuadamente; para ello se debe asegurar que las ondas sonoras alcancen todos los rincones del modo más nítido posible. Se deben evitar reflejos indeseados de ondas que provoquen excesiva reverberación (eco) y la presencia de zonas de "sombra acústica" al interior del recinto [FIGURA 46].

FIGURA 46 • ACONDICIONAMIENTO ACÚSTICO DE UNA SALA

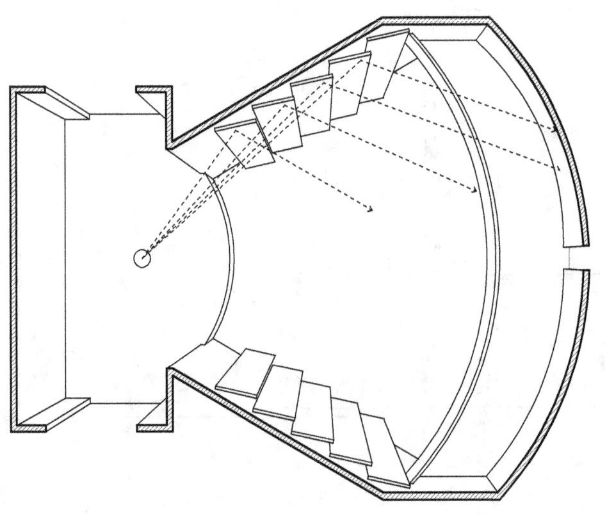

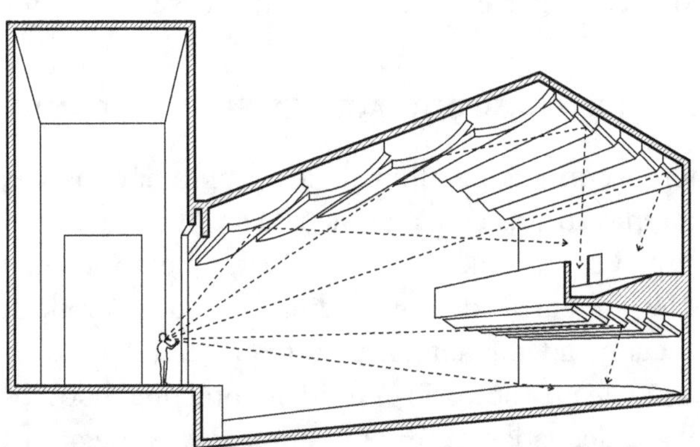

CAPÍTULO IV:
ESTRUCTURAS Y CONSTRUCCIÓN

1. CRITERIOS ESTRUCTURALES

Estos criterios se centran fundamentalmente en edificios que contemplan espacios suficientemente interconectados, ya que ellos presentan los mayores desafíos estructurales. Estos desafíos se focalizan principalmente en:
- **Envolventes** (pisos, cubiertas, cierros vidriados o no, y en los medianeros si estos existieren).
- **Plataformas en altura** (losas o entramados).
- **Perforaciones** para el paso de la luz y vinculaciones espaciales (en envolventes y plataformas).

Las resoluciones estructurales deberán responder fundamentalmente a las necesidades de los espacios cualificados que se desea. Un primer rasgo de esa cualificación es la **luz de día**. La complejidad de las estructuras provendrá fundamentalmente de las perforaciones y pliegues estructurales que exige un adecuado transporte de la luz, o bien de su rechazo.

Un segundo rasgo de esa cualificación tiene que ver con el **carácter de una obra en un lugar**, de modo que su localización respecto al contexto inmediato dé cuenta de su especificidad.

A continuación se expone una contribución a la manera como un alumno de arquitectura debe pensar las estructuras, y desde allí hacer una lectura adecuada que posibilite la toma de decisiones respecto al proyecto que tiene entre manos.

Una propuesta estructural debe ser pensada y resuelta básicamente a partir de las siguientes cuestiones: **Programa, Magnitud, Significación y Asismicidad.**

69

1.1. Desde el programa

Los programas requieren una estructura física coherente con su destino. Si desde el punto de vista de la arquitectura, el rol de las estructuras es aportar un orden de ocupación, entonces la estructura debe hacerse cargo de definir los espacios programáticos de forma que un usuario comprenda naturalmente las actividades que estos espacios acogen.

Existen espacios programáticamente inciertos y programáticamente ciertos. Inciertos, en cuanto admiten una ocupación que varía en el tiempo, es decir, una ofrenda para la libertad; y ciertos en cuanto la ocupación de un espacio es un asunto previamente determinado, es decir, una ofrenda para la especificidad. Es tarea del arquitecto modificar certidumbres e incertidumbres a través del diseño estructural.

Todas estas cuestiones plantean el tema de las diversas escalas que se expresan en espacios diferentes en su dimensión. Sin embargo, el edificio debe ser comprendido como un solo cuerpo. Esta condición unitaria es una tarea que debe asumir la estructura.

Por lo tanto, el diseño estructural debe dar cuenta de esta condición. Ello no significa necesariamente que una planta libre de todo obstáculo estructural sea una opción óptima, ya que por su propia indefinición no aporta un orden de ocupación.

En este sentido, las constantes programáticas (los espacios ciertos) y una acertada posición de las mismas en el proyecto, constituyen un punto de partida para la proposición estructural.

• *Programas relevantes*

Se trata de aquellos que en una obra aportan un rango de dignidad y representatividad significativo. Siendo estos los programas de mayor magnitud (volumétrica), tanto su posición como su estructura definirán la manera de enfrentar el diseño estructural del resto de los recintos.

Si este fuera el camino estructural adoptado, podría significar que el resto de los programas podrían actuar como una suerte de "arbotantes" de este programa principal, a la manera de las catedrales góticas, sin elementos estructurales que interfieran con los actos que allí se desarrollarán [FIGURA 47].

FIGURA 47 • CATEDRAL DE NOTRE DAME

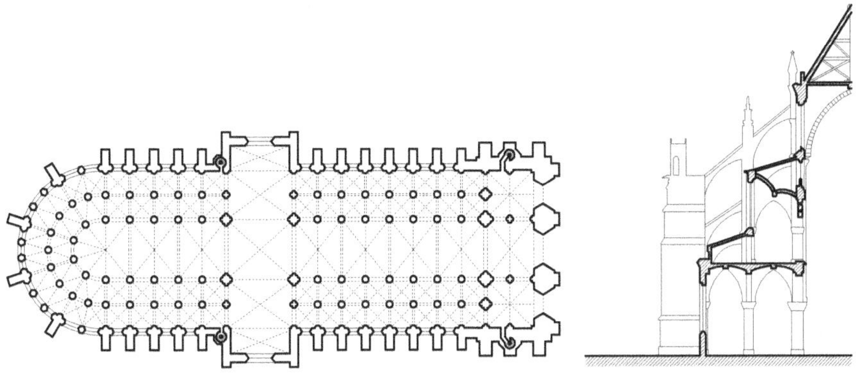

Catedral de Notre Dame (París)

• *Programas con estabilidad programática*

Se trata de espacios proyectados exclusivamente para los destinos propuestos. En otras palabras, no se contempla futuros cambios de destino (no es una condición necesaria para estos programas la existencia de plantas libres). Ello quiere decir que es posible emplear muros divisorios estructurales.

Las vigas que se consideren para obtener losas de luces adecuadas, deben emplazarse de tal modo que contribuyan a caracterizar estos recintos, y si ello no fuere posible, significa que ellas deberán estar contenidas (escondidas) en un "paquete" de cielo/piso [FIGURA 48].

FIGURA 48 • VIGA Y VIGA INVERTIDA

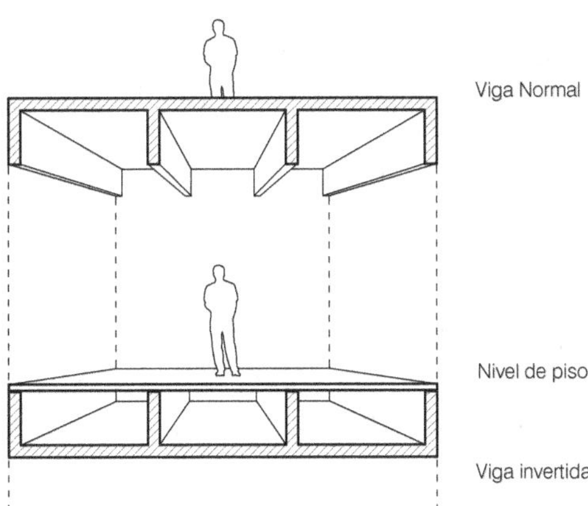

La estructura, además de organizar el espacio, debe contribuir a identificar con toda claridad la opción que se ha tomado. Por otra parte, la estructura debe ser un aporte a la calidad de estos espacios y eventualmente contribuir también a trazar el límite entre lo público y lo privado [FIGURA 49].

FIGURA 49 • ESTRUCTURA Y RECINTOS

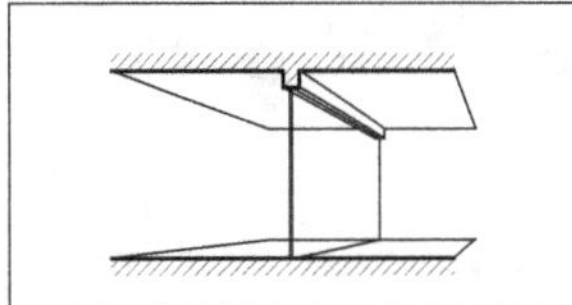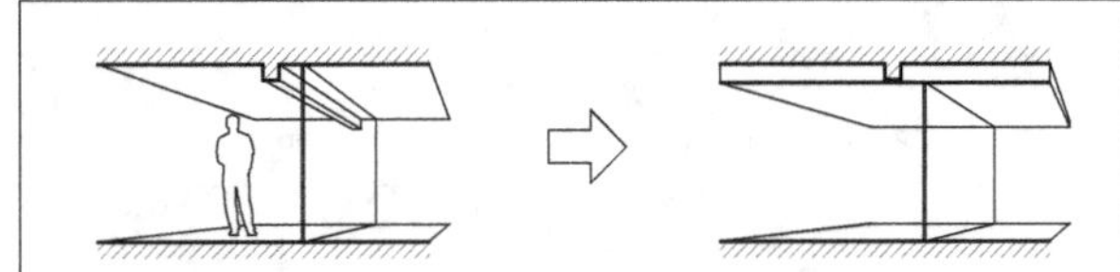

• Accesos

Los edificios, particularmente aquellos definidos como públicos, requieren de puntos de acceso físicamente acotados y direccionados, contribuyendo de paso a velar por los controles necesarios de seguridad y las variaciones climáticas. Por lo tanto, podríamos decir que los accesos constituyen puntos de inflexión de las envolventes. En este sentido, la estructura podría contribuir a generar, posibilitar y construir estas perforaciones, no solo como una cuestión constructiva sino también como una clara marca frente al espacio público contiguo que dé cuenta del ingreso al edificio.

• Estacionamientos

Si los estacionamientos se contemplan en los niveles inferiores de los programas adoptados (por ejemplo en subterráneo), debe tenerse presente que el módulo estructural que posibilita una disposición adecuada de estos estacionamientos repercutirá decisivamente en el cuerpo construido sobre ellos, ya que las cargas verticales de ese cuerpo necesariamente atravesarán el espacio de estacionamientos. Este criterio se aborda con mayor detalle en el capítulo de estacionamientos.

• Otros programas y elementos fijos

Uno de los requisitos más importantes en las áreas de servicio (baños y cocinas), es una adecuada evacuación de vapores, gases y olores. La posición de estos shafts o ductos, a manera de columnas, pueden contribuir al diseño estructural.

Por otra parte, baños y circulaciones verticales (escaleras y ascensores) son lo que denominamos espacios ciertos, constantes programáticas, lo fijo. En este sentido, por su condición de núcleos, una adecuada posición de ellos en el proyecto puede constituir un punto de partida para la proposición estructural [FIGURA 50].

FIGURA 50 • PLANTA LIBRE

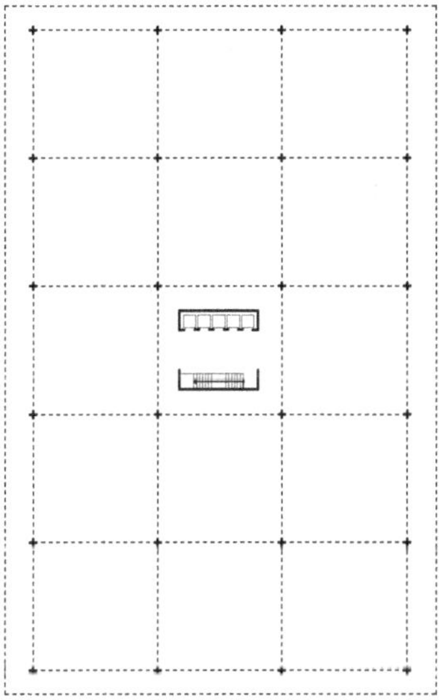

Todas estas cuestiones plantean el tema de las diversas escalas que se expresan en espacios diferentes en su dimensión. Sin embargo, el edificio debe ser comprendido como un solo cuerpo. Esta condición unitaria es una tarea que debe asumir la estructura, y el diseño estructural debe dar cuenta de ella.

1.2. DESDE LA MAGNITUD

La magnitud puede provenir tanto desde el programa como desde el contexto.

El programa no solo significa un dimensionamiento en planta, sino que implica propuestas volumétricas. Ello significa que el discernimiento estructural deberá pensarse en corte. **Mientras que la planta arquitectónica da cuenta**

de la organización del programa, el corte da cuenta de la espacialidad y la estructura. Pensar en corte significa preocuparse por la continuidad estructural, por la simetría o asimetría de las estructuras. De ello pueden derivarse decisiones tales como emplear más de una estructura que permita conducir adecuadamente las cargas verticales al suelo, reforzar algunos elementos estructurales que equilibren los esfuerzos en el caso de las asimetrías, etc.

Desde el contexto, las estructuras adoptadas deben ser coherentes con los propósitos que un estudiante tenga respecto a:

– Los medianeros u otros edificios y espacios públicos en proximidad que constituyen la envolvente del lugar a intervenir,

– La relevancia volumétrica de la proposición en relación con el perfil del sector donde se ubica (altura). A mayor magnitud, mayor singularidad y autonomía de las estructuras. Cabe señalar que las magnitudes pueden ser en la dimensión vertical o en la horizontal.

– La configuración del plano de las cubiertas, especialmente cuando se trata de edificios donde este plano es un asunto urbanamente relevante.

1.3. Desde la significación

A un proyecto le es exigible dar cuenta inequívocamente del programa que acoge. Se trata, por lo tanto, de un asunto perceptual. Fundamentalmente, lo perceptual se focaliza en tres cuestiones:

a) Relaciones entre los programas (visuales, de orden, jerarquías)

b) Envolventes interiores

c) Envolventes exteriores

• Relaciones visuales

La estructura debe posibilitar que un observador comprenda y perciba el programa de una obra sin requerir de información adicional (señalización) que lo oriente. En grandes casas recicladas con programas diferentes a su destino original, por ejemplo, el reconocimiento del programa se complica porque la estructura no lo permite: aparecen muros o machones que dificultan las nuevas relaciones.

• Envolventes interiores

Si en el punto anterior es tarea de las estructuras posibilitar aquellas relaciones programáticas, también le es exigible a la estructura manifestar con claridad las unidades programáticas. Ello es misión de las envolventes interiores. Muros, machones, pilares y vigas deben estar dispuestos de tal manera que contribuyan a configurar y reforzar esa percepción de la condición unitaria de un programa dado. En otras palabras, proporcionar un orden claro y comprensible.

• *Envolventes exteriores*

Este es un aspecto semiológico que, debidamente abordado, contribuye a realzar la representatividad del destino propuesto para una obra. Debe dar cuenta de lo que es, estableciendo las diferencias con otro tipo de destinos. Pero a la vez, si la obra está inserta en la ciudad, debe constituirse en una pieza urbana; es decir, el desafío es dar cuenta simultáneamente tanto de la diferencia como de la suma. En este sentido, la estructura asume un rol decisivo: por una parte establecer una unidad diferenciada, como cuerpo construido, y por otra velar por las continuidades urbanas.

1.4. Desde las condiciones de asismicidad

La asismicidad de las estructuras significa incorporar al diseño cuestiones que van más allá del simple transporte de las cargas verticales y de las solicitaciones horizontales.

Se pueden señalar cuatro cuestiones básicas que garantizan la indeformabilidad de la estructura frente a la acción del sismo: **arriostramiento, empotramiento, diafragmas y articulaciones.**

• *Arriostramiento*

Tiene la virtud de oponerse a las solicitaciones horizontales. Fundamentalmente, las riostras están constituidas por muros o sistemas de vigas y columnas conectadas mediante nudos indeformables (replicando virtualmente las condiciones de un muro). **En ningún caso una simple viga, por sí sola, constituye una riostra.**

Los muros pueden ser planos verticales llenos o virtuales. La virtualidad de un muro consiste en construir las líneas de fuerza dentro del plano de trabajo. Ello se traduce en el enmarcamiento del plano del "muro" y la aparición de barras en el sentido de las fuerzas (riostras) que garantizan la indeformabilidad del plano (una estructura de acero en celosía, por ejemplo).

Los nudos indeformables en los vértices garantizan la inamovilidad del ángulo donde concurren los elementos estructurales verticales y horizontales.

Ello significa preocuparse porque aquellos elementos estructurales que llegan al nudo sean lo suficientemente estables. Esta solución estructural es lo que se denomina "marco rígido", ya sea en acero u hormigón armado.

Una manera sencilla de verificar que un edificio está adecuadamente arriostrado, consiste en sumar las longitudes en planta de los muros en los ejes ortogonales "Y" y "X". Mientras más similares ambas sumas, mejor comportamiento del edificio [FIGURA 51].

FIGURA 51 • ARRIOSTRAMIENTO

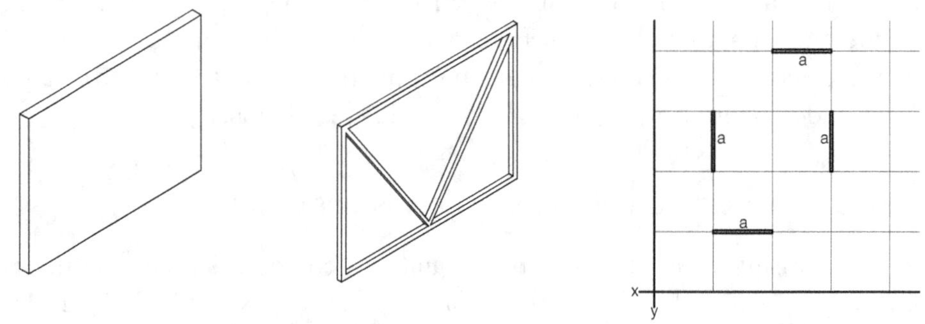

A- Muro lleno

B- Muro virtual

C- Diagrama arriostramiento

• Empotramiento

El análisis de las fundaciones y el empotramiento de los elementos estructurales en ellas, tiene que ver con el grado de libertad que el arquitecto desea para la arista superior de esos elementos.

Por ejemplo, se proyectan tres o cuatro columnas y se desea cubrir el espacio intercolumnas con una cubierta simplemente apoyada. Ello significa que cada columna debe sostenerse a sí misma, lo cual implica fundaciones importantes y un claro empotramiento de la misma.

Por otra parte, si columnas y cubierta forman un sistema estructural indeformable, las fundaciones solo reciben cargas verticales y por lo tanto el apoyo de esas columnas puede ser una simple articulación.

Este asunto tiene que ver con la voluntad del arquitecto respecto a la relación de la obra con el suelo y a la flexibilidad en la relación con las cubiertas. Se puede graficar con el caso de una mesa en posición normal o posición invertida [FIGURA 52].

Figura 52 • Fundaciones y empotramiento

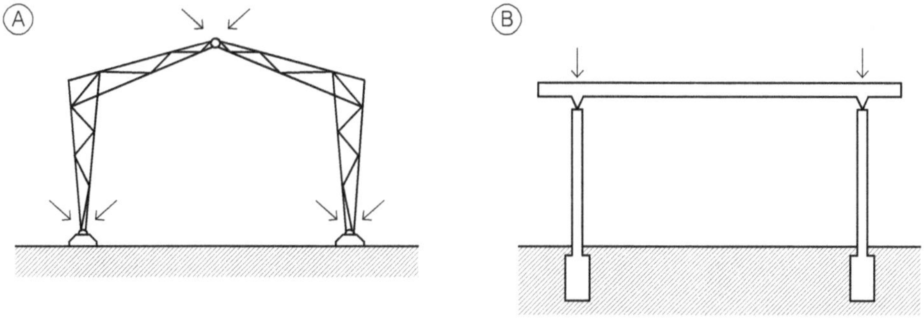

• *Diafragmas*

Los planos horizontales pueden ser pensados como un componente de un sistema estructural o bien independiente de la estructura fundamental. La opción por uno u otro camino proviene básicamente de dos fuentes: una propuesta arquitectónica o los procesos constructivos.

Desde la propuesta arquitectónica surge fundamentalmente el tema de la permanencia, intercambiabilidad o alteración de los planos horizontales.

Ello tiene que ver tanto con la organización programática como con la búsqueda de determinadas características espaciales. Cuando es la permanencia lo que predomina, la racionalidad estructural indica que estos planos deben asumir roles estructurales como diafragmas que garantizan la indeformabilidad de las aristas de ese plano horizontal, con la consiguiente economía dimensional de los otros elementos estructurales comprometidos.

Si la opción proviene de los procesos constructivos, significa que se ha tomado partido por sistemas industrializados o procesos de montaje de piezas y partes. Esta opción supone, por parte del arquitecto, la elaboración de un pensamiento previo sobre la obra. Este puede poner el énfasis en la búsqueda de una expresión tecnológica que dé cuenta de una cierta contemporaneidad o bien de una imagen institucional.

También puede provenir de criterios de optimización económica, sea por la rapidez en la aparición del cuerpo construido, por la libertad de faenas en los distintos niveles del edificio, o bien por la calidad de terminación que los elementos fabricados en talleres suponen. Industrialización y montaje pueden pensarse como un sistema estructural independiente o como elementos estructurales autónomos. La solución de los nudos señalará si el camino adoptado es uno u otro [FIGURA 53].

FIGURA 53 • DIAFRAGMAS

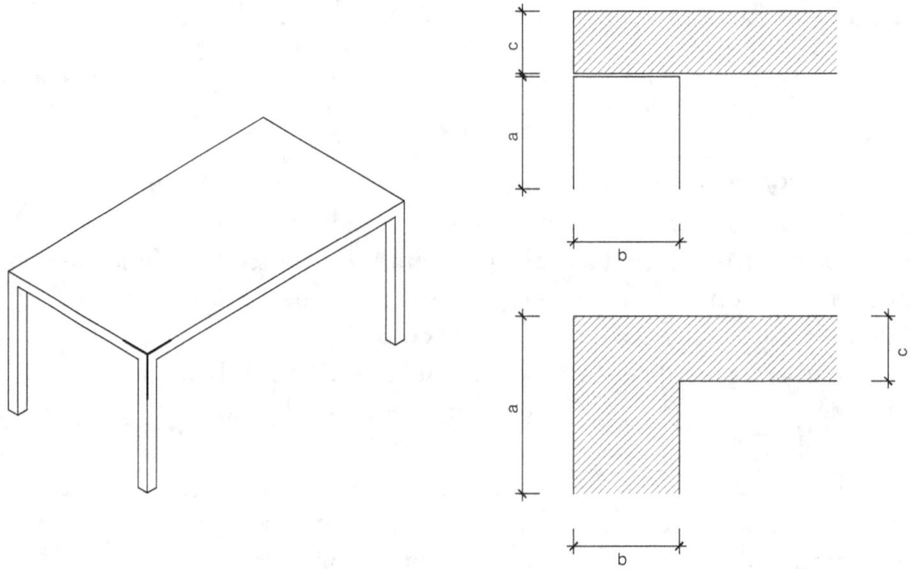

• *Articulaciones*

La estructura puede pensarse como un sistema de elementos articulados entre sí. Puesto que los puntos de encuentro entre esos elementos no son nudos rígidos indeformables, se requiere una propuesta estructural para disponer de los elementos de tal forma que se opongan unos a otros para resistir la fuerza producto del sismo o bien de las cargas que genera el uso de esas estructuras. Es el caso del Centro Pompidou y el concepto de sus puentes colgantes en fachada (*gerberettes*) [FIGURA 54].

FIGURA 54 • SISTEMA CONSTRUCTIVO Y ESTRUCTURAL DEL CENTRO POMPIDOU

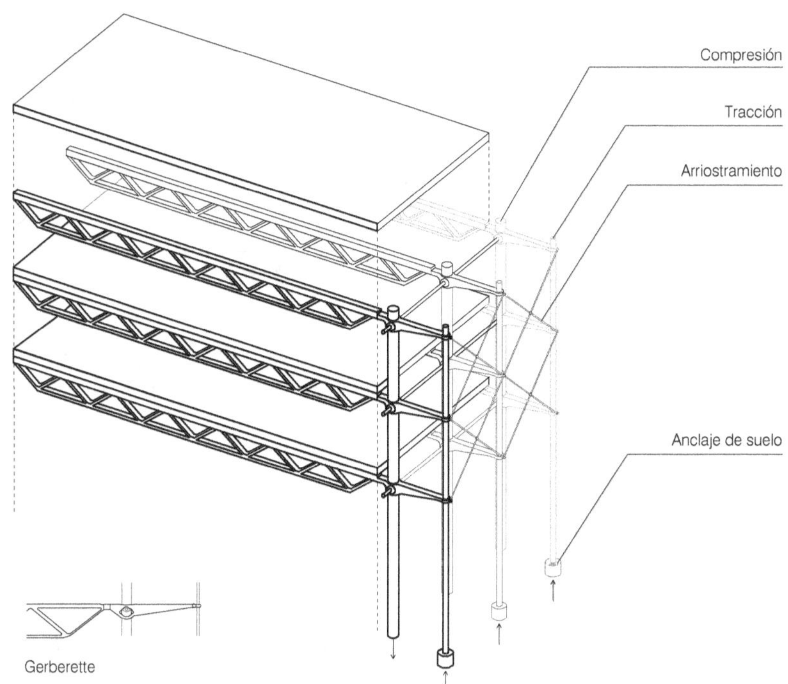

2. PREDISEÑO DIMENSIONAL

A continuación, se indican algunas aproximaciones dimensionales (**recetas empíricas**) para el prediseño de diversos elementos estructurales.

2.1. VIGAS

• *Madera*

En Chile, la madera aserrada se comercializa denominando sus longitudes en el sistema métrico, pero sus escuadrías en el sistema imperial (pulgadas). Es importante recordar que el sistema constructivo en madera es principalmente de superposición de elementos.

L = luz a cubrir
h = altura (sección) de la viga

Viga de madera en bruto para cubiertas: $\dfrac{L \text{ (en metros)}}{0.5} = h \text{ (en pulgadas)}$

Por ejemplo, para luces de 6 m, h = 12"

Viga de madera en bruto para pisos: $\dfrac{L \text{ (en metros)}}{0.4} = h \text{ (en pulgadas)}$

Por ejemplo, para luces de 6 m, h = 15"

Las vigas de madera laminada pueden reducir su altura a 2/3 de lo señalado más arriba.

• *Hormigón armado*

El hormigón es un material plástico cuya forma depende del diseño de su contenedor, que es el moldaje. Salvo en sistemas prefabricados, los elementos de hormigón no son superpuestos, sino solidarios (por ejemplo, la sección de una viga hecha en obra incluye la sección de la losa respectiva).

Viga hecha en obra: $h = L/10$
Por ejemplo, para luces de 6 m = 60 cm

Viga pre o postensada: $h = L/15$
Por ejemplo, para luces de 6 m = 40 cm

Viga en voladizo: $h = L/5$
Vigas nervadas (Ver losas) [FIGURA 49]

• *Acero*

La decisión sobre cuándo utilizar vigas llenas o reticuladas es por eficiencia y economía: depende del peso del elemento resultante. Las luces pequeñas normalmente se resuelven con vigas tubulares o "doble T" [FIGURA 55].

Vigas en perfiles "doble T": $h = L/20$
Por ejemplo, para luces de 6 m = 30 cm

Vigas reticuladas (en celosía): $h = L/15$
Por ejemplo, para luces de 6 m = 40 cm

FIGURA 55 • VIGAS RETICULADAS / DOBLE T

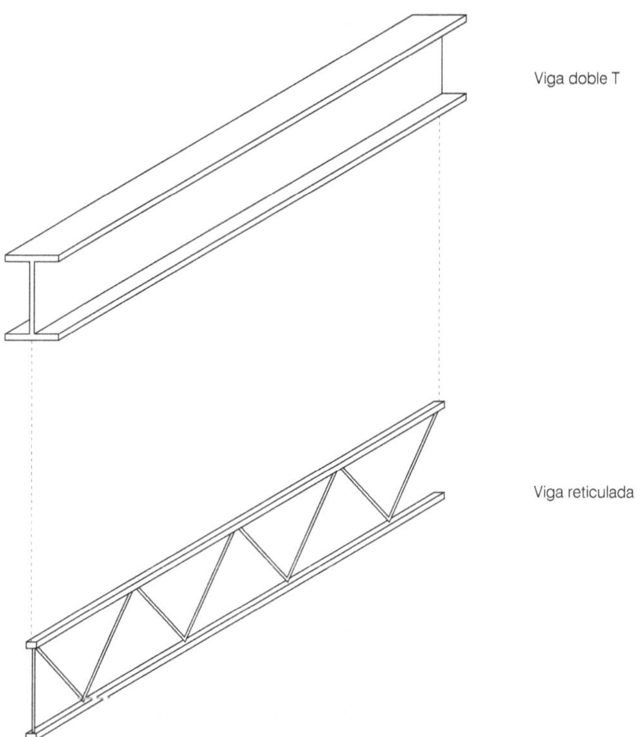

Las mallas estereométricas suponen un dimensionamiento similar al de las vigas reticuladas.

2.2. MUROS

• *De hormigón armado*

Sus espesores estarán en relación al número y la disposición de ellos y a la altura del edificio. Es importante considerar que el espesor de los muros disminuye con la altura del edificio. Aunque el cálculo estructural señalará los espesores mínimos, los proyectos pueden contemplar razonablemente los siguientes espesores en el primer piso:

Hasta 4 pisos: Muros = 15 cm / Machones = 20 cm
Hasta 15 pisos: Muros = 20 cm / Machones = 30 cm
Hasta 25 pisos: Muros = 30 cm / Machones = 35 cm [FIGURA 56].

FIGURA 56 • DIFERENCIAS EN ESPESOR DE MUROS ENTRE PISOS

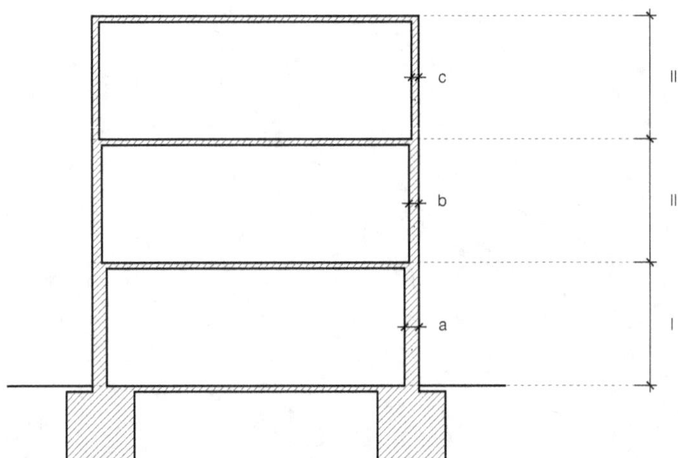

– *Muro de contención*

Son aquellos muros que evitan que la tierra se deslice o se desplome sobre una superficie en desnivel que el arquitecto desea conservar libre. Es el caso de patios hundidos o bien de plataformas producto de cortes realizados en pendientes.

Existen soluciones constructivas distintas al hormigón armado, como por ejemplo: sistema de gaviones de piedra, tablestacados de acero y madera, pircas de piedra, mallas de acero o geotextiles ancladas a la tierra, etc.

Aquí se abordan soluciones en hormigón armado como antecedente básico en cualquier diseño requerido por proyectos de estudiantes de arquitectura.

Para evitar el volcamiento del muro producto del empuje de la tierra, es necesario garantizar la indeformabilidad del muro (especialmente del canto superior) y los deslizamientos de su extremo inferior (fundaciones).

– *Muro-talud*

Su geometría responde al incremento de los empujes (fuerzas) que la tierra realiza sobre el muro. Esta solución exige de importantes fundaciones para evitar el volcamiento.

– Muro "ZETA"

Su geometría responde a cautelar la indeformabilidad del cuerpo completo del muro sin recurrir a espesores variables del mismo. Se privilegia la verticalidad del muro [FIGURA 57].

FIGURA 57 • MURO TALUD, Z Y C

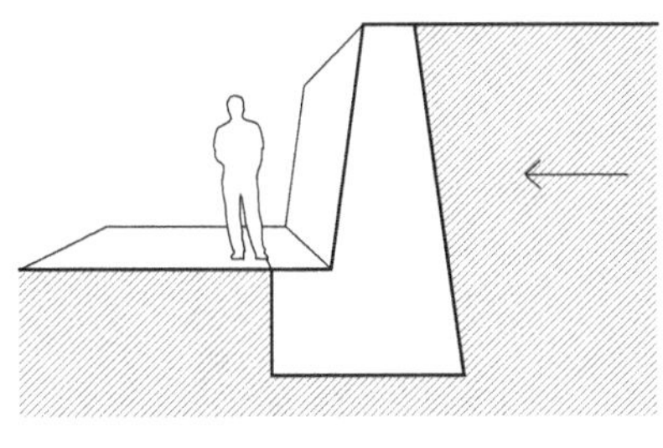

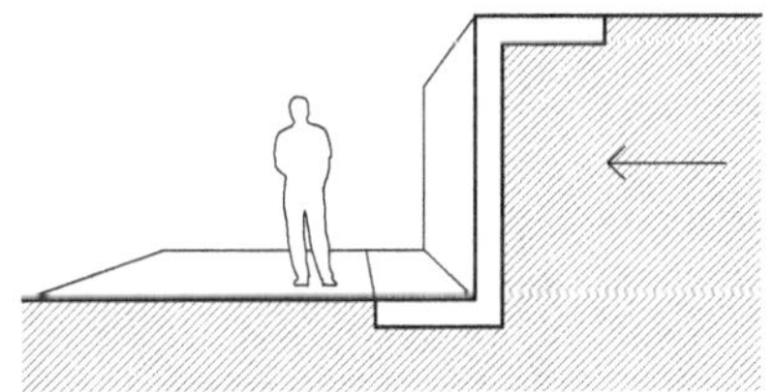

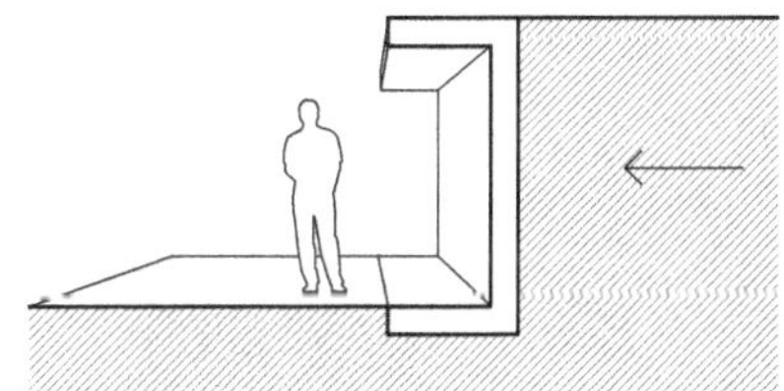

• De acero

Son aquellos que hemos llamado "muros virtuales", descritos anteriormente. La virtualidad de un muro consiste en construir las líneas de fuerza dentro del plano de trabajo. Ello se traduce en el enmarcamiento del plano del "muro" y la aparición de barras o tirantes en el sentido de las fuerzas que garantizan la indeformabilidad del plano.

2.3. LOSAS

Las losas de hormigón armado o colaborantes (acero/hormigón) son ineficientes económicamente –su costo aumenta significativamente– más allá de los **8 metros** entre apoyos. Una alternativa para obtener mayores luces es la incorporación de vigas secundarias unidireccionales o bidireccionales (losas nervadas).

Habitualmente las luces mayores (grandes salas, recintos de planta cuadrada, etc.) no debieran exceder los 14 m, en cuyo caso las vigas de las losas nervadas formarán "casetones" de 1 x 1 m y su respectiva altura [FIGURA 58].

Generalmente, las losas se sobredimensionan para evitar sensaciones psicológicas molestas (ruido, vibraciones). Los espesores fluctúan entre los 11 cm para luces de 3 metros y los 20 cm para luces de 8 metros.

FIGURA 58 • LOSAS NERVADAS

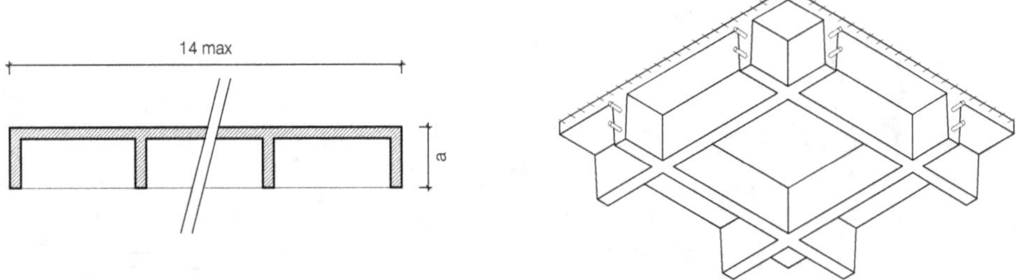

• *Losas contenidas*

Un diseño estructural que no incorpora complejidades particulares supone que una losa debe estar contenida (apoyada o empotrada) en todo su perímetro, mediante muros o vigas.

• *Volados de losas*

Es de normal concurrencia en la arquitectura la aparición de voladizos (proyección de la losa hacia el vacío, más allá del plomo de la estructura portante). En las fachadas, por ejemplo, se manifiesta a través de balcones, o bien porque se desea que la estructura portante del edificio no comprometa el diseño de las fachadas (muros-cortina). Otra razón para dotar a los edificios de voladizos en su perímetro es porque de esta manera se logra reducir la enfierradura de las losas.

Un prediseño de estos voladizos (sin considerar, por cierto, las características de los materiales involucrados en ellos), indica que su dimensión máxima estará en relación a la dimensión de la losa que da origen a dicha proyección, estimándose que **un voladizo puede proyectarse al vacío hasta en 1/4 de dicha losa entre apoyos** [FIGURA 59].

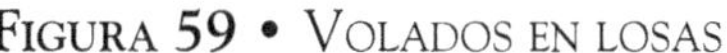

FIGURA 59 • VOLADOS EN LOSAS

2.4. COLUMNAS

El esfuerzo más importante a considerar en una columna es el **pandeo**. Esta es la deformación producida en un cuerpo en sentido perpendicular a su eje principal, ocasionado por una carga paralela a dicho eje. Se produce como un efecto secundario de la compresión. En virtud del pandeo, para prediseñar la altura y la sección aproximadas de una columna, conviene remitirse al Factor de Esbeltez:

$$\text{Factor de Esbeltez} = \frac{h}{Dm}$$

siendo **h** la altura de la columna y **Dm** la dimensión menor de la columna. Sin ser sometidas a cálculo estructural, se puede estimar como un diseño razonable columnas que posean un **factor de esbeltez igual o inferior a 24**. Por ejemplo, para columnas de 10 m de altura su sección será de aproximadamente 0,4 m, y si se tiene una columna de 2.40 m de altura y una dimensión menor de 0,20 m, el factor de esbeltez es 12. En columnas con factor de esbeltez menor que 11, el pandeo no es significativo.

De acuerdo a lo señalado precedentemente, las distancias entre columnas estarán regidas por las dimensiones de las losas y los sistemas de empotramiento tanto en el suelo como en sus aristas superiores. En todo caso, debe tenerse presente que un conjunto de columnas, como único soporte estructural, tiene un comportamiento sísmico precario.

3. RELACIÓN ENTRE CÁLCULO ESTRUCTURAL Y ARQUITECTURA

Para transformar en arquitectura el dato que aporta la ingeniería, se deben modelar arquitectónicamente los elementos estructurales sin alterar las secciones (dimensiones) que la ingeniería propone.

Cuando esa sección no admite modificaciones, se debe recurrir a revestimientos y terminaciones que posibiliten que una estructura se convierta en arquitectura. Ello es especialmente importante en pilares, vigas y, eventualmente, losas. Por ejemplo:

3.1. PILARES

Pasar de secciones cuadradas a secciones circulares o elípticas, pasar de pilares únicos a pilares compuestos, pasar de secciones continuas en la altura a secciones variables (ensanchamientos o angostamientos), incorporar grietas, canterías y revestimientos, etc. [FIGURA 60].

FIGURA 60 • CARTELAS

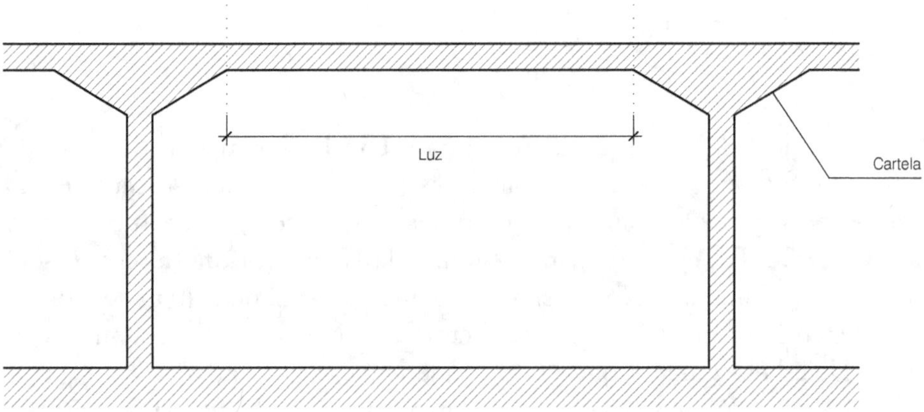

3.2. VIGAS

Pasar de vigas monolíticas a vigas perforadas, pasar de secciones rectangulares continuas a secciones variables (casetones) que podrían acoger sistemas de iluminación artificial o bien a secciones trapezoidales, transformar una viga en mobiliario (mesas, asientos, barandas, anaqueles, etc.), pasar de vigas únicas a vigas compuestas, emplear revestimientos y/o terminaciones que aporten unidad a una lectura espacial o en función de una condición de luz que se desee, emplear sistemas de cartelas en los pilares que disminuyan la luz a cubrir por la viga, optar entre vigas invertidas o normales, etc. [FIGURA 61].

FIGURA 61 • CAMBIO DE SECCIÓN EN VIGAS

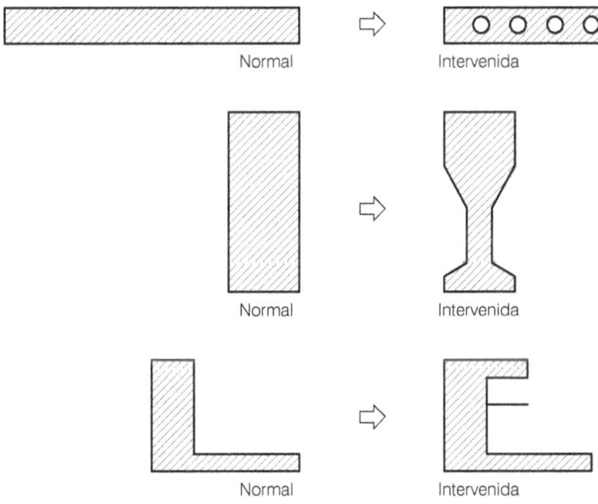

3.3. LOSAS

Pasar de losas listas para recibir un pavimento a losas con pavimento incorporado en sobrelosas, pasar de losas nervadas normales a losas con nervadura invertida con sistemas de pavimentos en su cara superior, pasar de losas contenidas entre vigas a losas voladas, tomar opciones de terminaciones por su cara superior (pavimentos) o bien por su cara inferior (cielos), pasar de losas estructurales (diafragmas) a sistemas de piso-cielo superpuestos, etc.

CAPÍTULO V:
DIBUJO Y REPRESENTACIÓN

1. DIBUJO MANUAL VS DIBUJO DIGITAL

El rigor en la representación arquitectónica exige una inteligencia del dibujo: valorización de las líneas correspondiente a la escala representada, corrección en cuanto a las convenciones, exactitud planimétrica, síntesis del dibujo, expresión de las cualidades materiales y espaciales del proyecto, composición de la lámina y elementos de arte.

Un programa CAD no garantiza un buen dibujo: antes hay que saber dibujar. Se requiere destreza, sensibilidad y conocimiento para dibujar en cualquier medio. Lo que hasta hace poco se hacía con una regla, tres escuadras (una de 45°, otra de 30°/60° y otra regulable), un compás y las leyes de las geometrías euclidiana y descriptiva, es lo mismo que debemos deducir y premeditar antes de utilizar un programa de CAD. El computador no entrega soluciones *per se* a problemas geométricos complejos, sino que facilita su dibujo. Si el dibujante no es capaz de enunciar adecuadamente el problema geométrico a resolver, un programa de CAD solo servirá para intentar trazar una aproximación, más bien a ciegas, mediante numerosos ensayos y errores. Lo mismo se puede decir de las innumerables ventajas intrínsecas del CAD (modificaciones, repeticiones, tramas, herramientas tridimensionales, herramientas de representación, cubicaciones, acotamiento, inclusión de texto, almacenamiento y transmisión de datos), las que en manos inexpertas se transforman en banalidad: dibujos saturados o sin contenido (a causa del mero cambio de escala de un mismo dibujo), repetición monótona de objetos gráficos, inexpresividad del dibujo técnico.

89

Para lograr una calidad aceptable de dibujo técnico en cuanto a su expresividad y economía, es indispensable aprender a dibujar primero a mano, con lápiz e instrumentos. Es preciso tener conocimientos elementales de geometría (construcción y descripción de figuras y cuerpos geométricos), así como una noción tanto estética como técnica de la representación que se quiere realizar. Como la principal desventaja del CAD es la imposibilidad de percibir la real magnitud y apariencia del dibujo impreso, es razonable aseverar que la única manera de aprender a dibujar es a mano, sobre el papel. Para ejercitarse adecuadamente, se recomienda utilizar el lápiz grafito, puesto que este responde con infinitas sutilezas a la voluntad del autor, resultando un dibujo de gran riqueza, originalidad y contenido. Domine el lápiz, estimado lector, y AutoCAD será suyo.

2. NORMAS Y CONVENCIONES

Existen distintos tipos de dibujo arquitectónico, cada uno con un propósito particular: el **dibujo académico** (representa composición, espacio y materia para exponer o publicar un proyecto), el **dibujo para la construcción** (con todas las indicaciones técnicas necesarias), el **dibujo legal** (para demostrar el cumplimiento de las disposiciones normativas correspondientes), etc.

La representación arquitectónica (planimétrica y espacial) debe ordenarse siempre de tal manera de comprender cabalmente el proyecto, en láminas homogéneas y consecutivas para facilitar su manipulación y archivo. Estas láminas deben incluir una viñeta normalizada con la identificación del proyecto (materia, autor, lugar, fecha, escalas, orientación y número correlativo de la lámina). Las láminas deben incluir plantas de ubicación (que pueden coincidir con una planta de techos), topografía, urbanización y vegetación; plantas de cada nivel, cortes (generalmente a una escala mayor que la planta), elevaciones, escantillones y detalles constructivos a escala adecuada; croquis, representaciones tridimensionales y fotografías; cuadros de superficie, notas sucintas. Es siempre deseable que las láminas sean lo más compactas posible, solo con textos imprescindibles, y que contengan referencias cruzadas entre sí según corresponda (indicación de líneas de corte, identificación de detalles constructivos, etc.). Existen formas y tamaños convencionales de láminas, pero se pueden modificar a voluntad siempre que se cumpla con los requisitos anteriormente indicados [Figuras 62 y 63].

Figura 62 • Dibujo académico

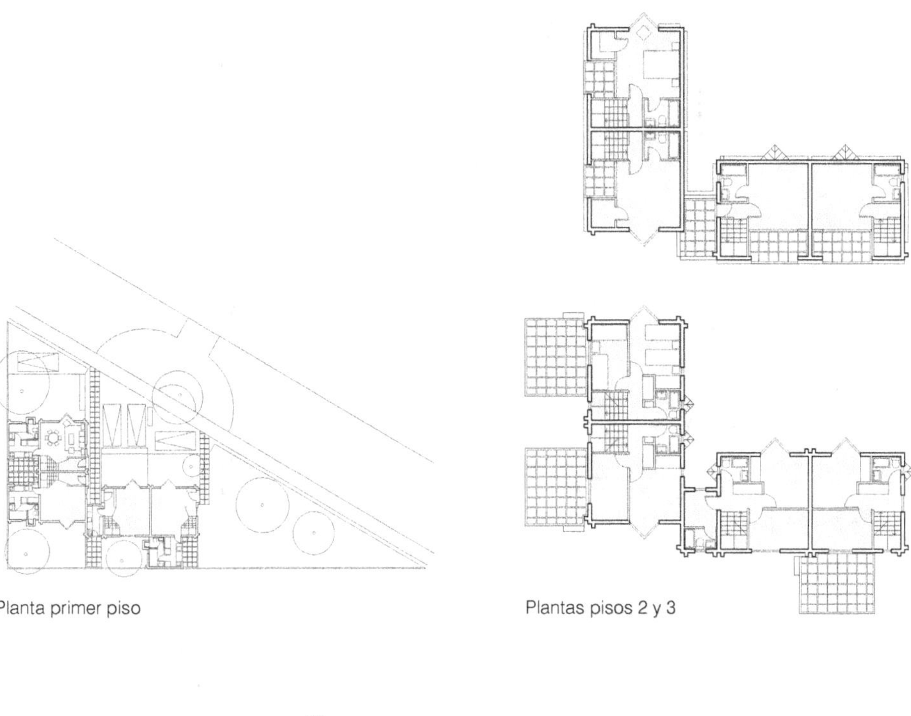

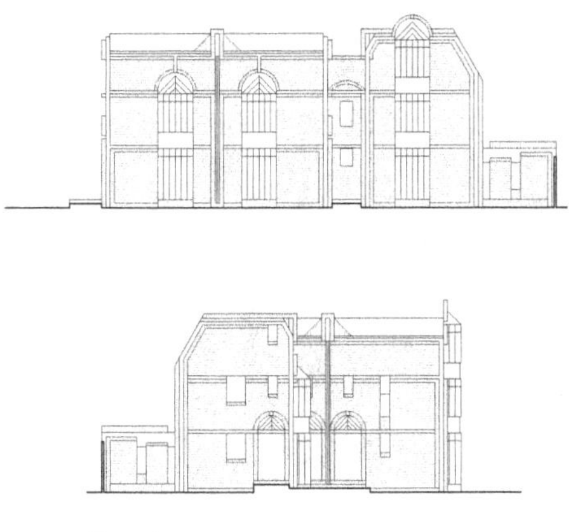

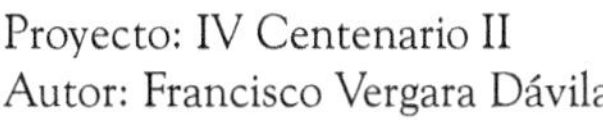

Planta primer piso

Plantas pisos 2 y 3

Elevaciones

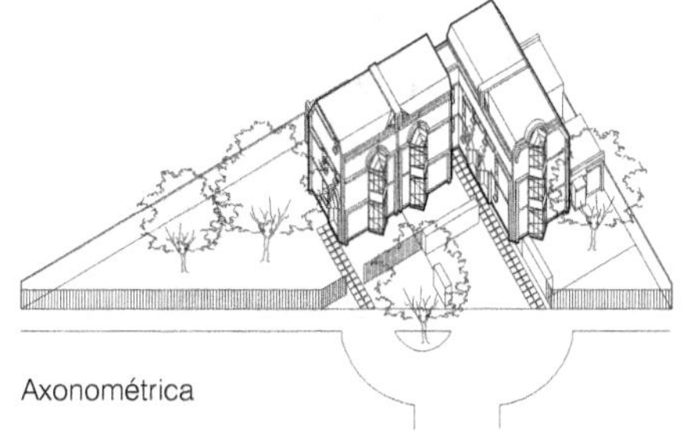

Axonométrica

Proyecto: IV Centenario II
Autor: Francisco Vergara Dávila
Año: 1979
Ver anexo 1 a 4.

FIGURA 63 • DIBUJO LEGAL

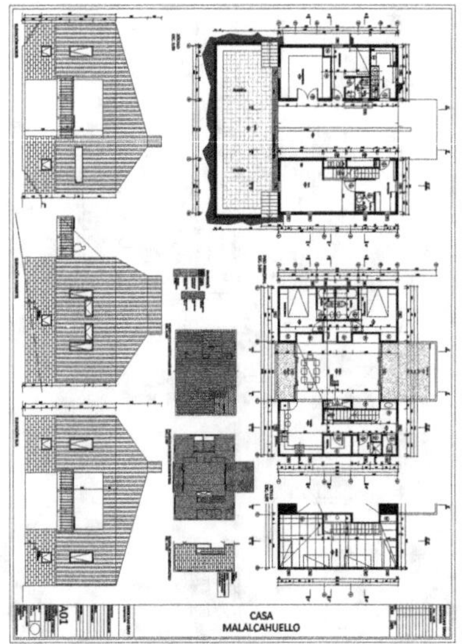

Plantas, elevaciones y pavimentos

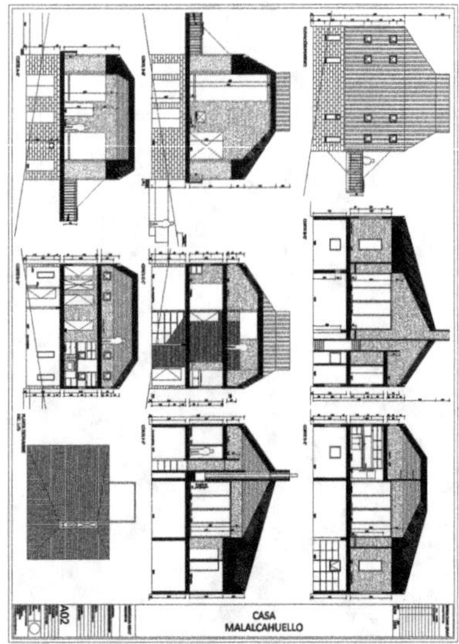

Elevación, cortes y planta de techos

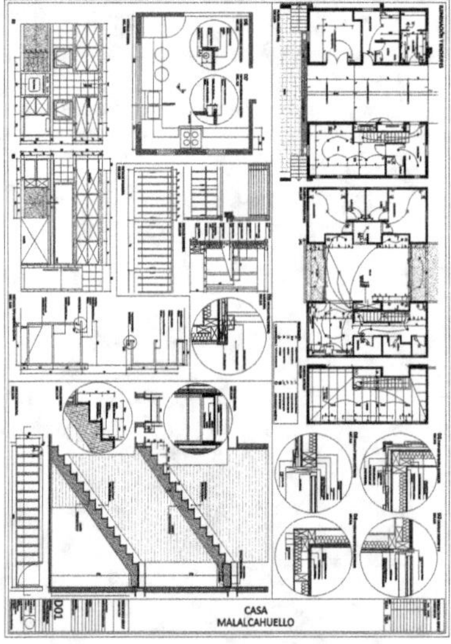

Planos eléctricos y detalles constructivos

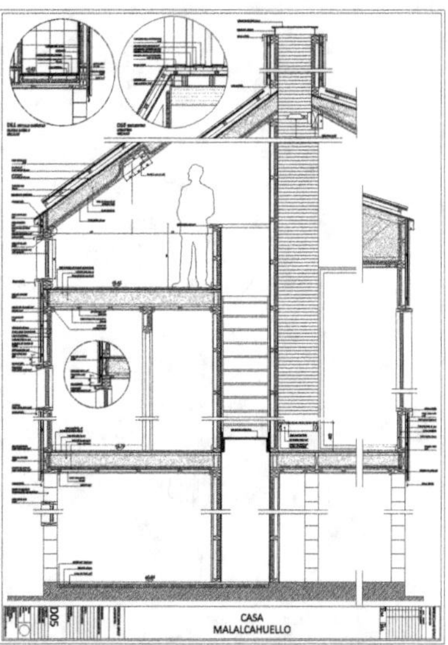

Detalle constructivo escantillón transversal

Proyecto: Casa Malalcahuello
Autor: Bresciani Gray Arquitectos
Año: 2011
Ver anexo 5 a 8.

Las maquetas son representaciones espaciales abstractas, y jamás deben pretender simular la realidad material (a riesgo de caer en la anécdota). Conviene utilizar no más de uno o dos colores distintos, de una misma gama, para los elementos constructivos. Tanto en dibujo como en maquetas, árboles y vegetación deben ser representados de manera igualmente abstracta, considerando que el principal interés de la vegetación en la arquitectura es el efecto de la masa vegetal (la suma de copas de árboles, por ejemplo), más que como elementos aislados.

El principal objeto de incorporar figuras humanas en la representación es el de permitir una relación de escala visual con el espacio representado. Las figuras humanas deben ser abstractas y discretas, utilizándose lo mínimo necesario. Lo mismo ocurre con automóviles, muebles y objetos, los que deben constituir un mero complemento del dibujo arquitectónico sin jamás distraer la atención.

Un vacío en la planta se representa con una cruz de línea continua inscrita en el perímetro del vacío; un vacío proyectado por encima de la planta se representa con una cruz similar, de línea segmentada. Escaleras y rampas se representan con una flecha a lo largo de su eje en la dirección del ascenso; además deben ser cortadas en planta de tal manera que se visualice lo que ocurre debajo de ellas. Las cubiertas se representan con flechas en la dirección del escurrimiento de las aguas.

3. VALORIZACIÓN DEL DIBUJO

La expresión del dibujo arquitectónico radica fundamentalmente en una correcta valorización de las líneas empleadas. Las líneas de corte son siempre las más pesadas, mientras que las de las proyecciones más lejanas serán siempre las más livianas, tal como en el arte pictórico. Existe toda una gama entre estos dos extremos, pero en general el valor de la línea depende de la distancia relativa del observador al plano visual que se quiere representar. También el tamaño y relevancia de los elementos dibujados incide en el valor de la línea: un cristal será dibujado siempre con una línea mucho más liviana que un muro, aunque ambos estén en el mismo plano visual. Muebles y vegetación también pueden ser representados con levedad.

Los elementos en corte tienen el mismo peso conceptual que la línea de tierra, por lo que es posible rellenarlos o achurarlos como si fueran, de hecho, parte de la tierra. El relleno con un color sólido suele ser demasiado contrastante para percibir adecuadamente los espacios que se quiere poner en valor; es siempre preferible utilizar un achurado muy liviano (gris en mezcla óptica).

4. ELECCIÓN DE CORTES REPRESENTATIVOS

Los cortes de arquitectura entregan mucha más información espacial y material del proyecto que sus plantas. Es preciso elegir cuidadosamente el plano y la dirección del corte, de manera de dar cuenta cabalmente del fundamento y las virtudes del proyecto. Un buen corte puede explicar los espacios más significativos, sus características materiales, ambientales (iluminación y asoleamiento), constructivas y estructurales, así como su relación con otros elementos del proyecto (elevaciones interiores, exteriores, paisaje, etc.). **Un corte jamás debe pasarse por un eje estructural** (línea de pilares, por ejemplo), puesto que el resultado será completamente distinto a la realidad del proyecto.

5. COTAS

Acotar un dibujo arquitectónico es un arte, pues se trata siempre de acotar lo menos posible. Las cotas deben ser relevantes para la comprensión del proyecto, pero jamás estorbar la representación. Es así que las cotas deben ubicarse siempre fuera del dibujo (salvo inevitables excepciones), deben ser leves, legibles, armónicas y debe decidirse con exactitud qué es lo que conviene acotar. No se acota todo ni cualquier cosa.

Las cotas tienen diversos propósitos, pero sirven principalmente para **trazar** una obra. También verifican el espacio útil de recintos interiores, las dimensiones de elementos secundarios y la lógica compositiva del proyecto, como son elementos repetitivos o rítmicos, comparticiones, divisiones, ejes de simetría, correspondencias, etc. En este sentido, muchas veces resulta más útil expresar cotas en fracciones o términos.

Normalmente plantas y cortes incluyen cotas generales, cotas de ejes estructurales (cuando el dibujo los incorpore), cotas de ejes de vanos, cotas de espesor de muros o losas y de recintos interiores. Todas estas cotas son **periféricas o exteriores.** Ocasionalmente se puede agregar pequeñas cotas al interior del dibujo, según sea necesario. Las cotas deben ser dibujadas siempre con una valorización tal que no altere la percepción de la arquitectura;

generalmente se utiliza una línea liviana. Además de las cotas, se utilizan en los planos diversos medallones para identificar vanos, niveles, vistas interiores de un recinto, detalles, etc. [FIGURA 64].

FIGURA 64 • COTAS

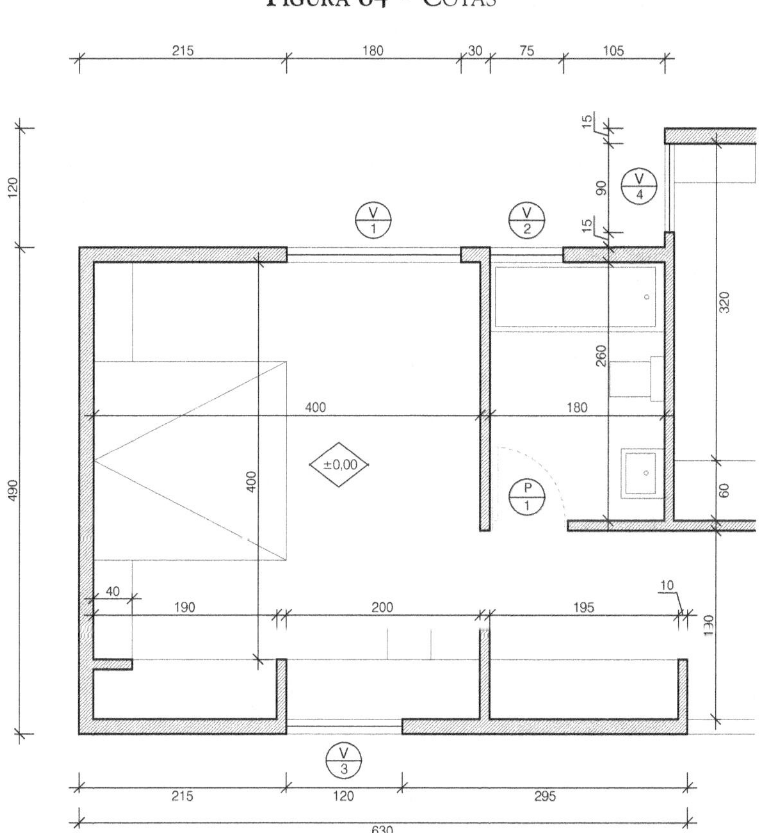

CAPÍTULO VI:
LA ARQUITECTURA DEL PAISAJE

El paisajismo es la arquitectura del paisaje. Es un aspecto de la disciplina que compete directamente al arquitecto, en cuanto maneja los mismos conceptos: composición, construcción, estructura, volumen, espacio y formulación de un programa, todo con el objeto de crear un lugar. **El paisaje está compuesto de elementos vegetales, materiales, topográficos, sensoriales y constructivos.** La arquitectura del paisaje involucra fuertemente el manejo de la **topografía** (suelo), la creación de **espacio** (lugares) y puntos de vista (**perspectiva**). A diferencia de la arquitectura, el paisajismo es un concepto de diseño que se desarrolla lentamente en el tiempo hasta alcanzar su completa realización. También los cambios temporales y la estacionalidad son parte del diseño paisajístico. No es necesario que el arquitecto sea un experto en botánica para proponer un paisaje; más bien debe tomar decisiones respecto al efecto espacial y ambiental deseado, para luego llevarlo a cabo con la ayuda de especialistas, si es necesario.

La infinita diversidad de especies vegetales y su manipulación por el hombre permiten crear los espacios y ambientes más diversos. Debe considerarse la utilización de árboles y arbustos caducos o perennes, su altura y diámetro de copa, el espesor de su follaje, su colorido, su forma natural o artificial, y los efectos de estas características sobre la arquitectura y el espacio exterior.

Las especies vegetales deben ser pensadas en función de sus capacidades de adaptación y sobrevivencia en el territorio donde serán emplazadas, así como en sus requerimientos de mantención. El agua es un recurso escaso y cada vez más oneroso, por lo que el riego debe ser considerado como una condicionante principal en el desarrollo de proyectos.

Todo parque o jardín debe tener un **programa** y un **circuito** de recorridos. Una superposición de tramas de recorridos hace más complejo e interesante el proyecto. Se pueden superponer recorridos independientes para vehículos, bicicletas y peatones, por ejemplo. En cuanto a programa, mientras más "eventos", sensaciones y perspectivas se logren, mayor será su riqueza. Los elementos programáticos pueden corresponder a actividades permanentes, propias del aire libre (caminar, descansar, jugar, deporte, etc.), pero pueden incorporarse también actividades más complejas y de uso esporádico (exposición, feria, representación escénica, comida, etc.) mediante elementos construidos de mayor o menor envergadura (mobiliario, equipamiento, quioscos, pabellones). También pueden incorporarse **elementos arquitectónicos** como focos de atención: pérgolas, belvederes, puentes, invernaderos, jaulas, escalinatas, esculturas, fuentes de agua. Por estar en la intemperie y ser de uso público, todos estos elementos construidos tienen siempre un rango y una solidez mayor que los de la arquitectura convencional.

Junto a la vegetación y los elementos arquitectónicos, el **agua** es uno de los elementos fundamentales constitutivos del paisaje. El agua tiene condiciones sensoriales y esculturales, su movimiento es foco de atención, regula la temperatura del ambiente y su ruido sirve de pantalla. Un manejo ingenioso y eficiente del agua, incluyendo cascadas, lagunas y fuentes, puede dar el sello característico de un proyecto de paisajismo.

1. SUELOS Y PAVIMENTOS

Otro elemento fundamental del diseño de paisaje es el **tratamiento del suelo y la topografía**. El proyecto de paisaje puede adaptarse a la topografía existente, pero puede también proponer una topografía propia, contribuyendo a la creación de espacio y lugar. Se puede excavar o rellenar ciertas áreas, producir desniveles o planos inclinados, efectos de perspectiva, etc. El tratamiento del suelo no es trivial, y ciertamente cubrirlo todo de prado no es siempre una solución, más considerando la escasez actual de agua. Se debe experimentar con zonas de diversos pavimentos y recubrimientos vegetales endémicos: maicillo, gravilla, asfalto, ladrillo, baldosa, adoquines, entramados (deck) de madera; cubresuelos rastreros, macizos de flor, gramíneas, helechos, rocallas, etc.

El paisajismo puede tener un carácter monumental o íntimo, formal o naturalista, historicista o contemporáneo. Una breve revisión de la historia del paisaje brindará al estudiante infinitas ideas para desarrollar, multiplicando el espectro de su disciplina, considerando que esto requiere cuidado tanto en su representación como implementación.

2. MASAS ARBÓREAS

Como estrategia bioclimática, la importancia de un árbol reside en su capacidad de dar sombra en los meses cálidos y dejar pasar la luz y el calor del sol en los fríos. Es por esta razón que en el paisajismo del espacio público urbano normalmente se utilizan árboles de grandes copas y de hoja caduca. En el diseño arbóreo es importante considerar la superficie a sombrear, ya que el efecto de árboles aislados no es comparable con el de un conjunto de ellos en área y extensión. Interesan para este propósito las masas arbóreas, es decir, la sumatoria del follaje de conjuntos de árboles capaces de cubrir una gran superficie de manera tamizada [FIGURA 65].

FIGURA 65 • MASAS ARBÓREAS

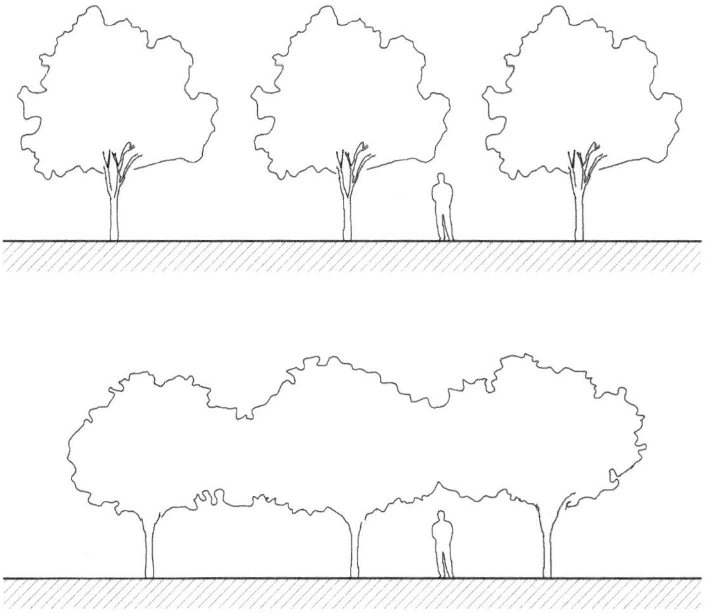

3. JARDINERAS

¿Se puede plantar árboles sobre una losa de hormigón armado? Claro que sí. Un árbol desarrolla una copa más o menos proporcional al espacio disponible para sus raíces. Un árbol de copa mediana se desarrolla normalmente en 1 m3 de tierra. El receptáculo de la tierra puede estar sobre, o a media altura, o a ras del nivel del suelo propuesto, y es siempre conveniente aprovechar la estructura portante (pilares y vigas) para descargar su peso. Debe considerarse un sistema apropiado para drenar el receptáculo [FIGURA 66].

FIGURA 66 • JARDINERAS Y MACETEROS

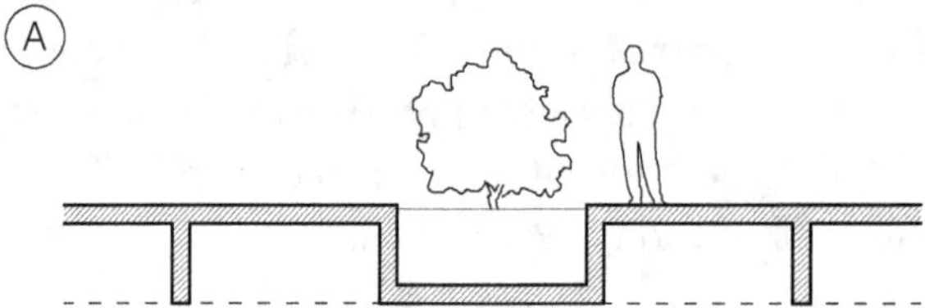

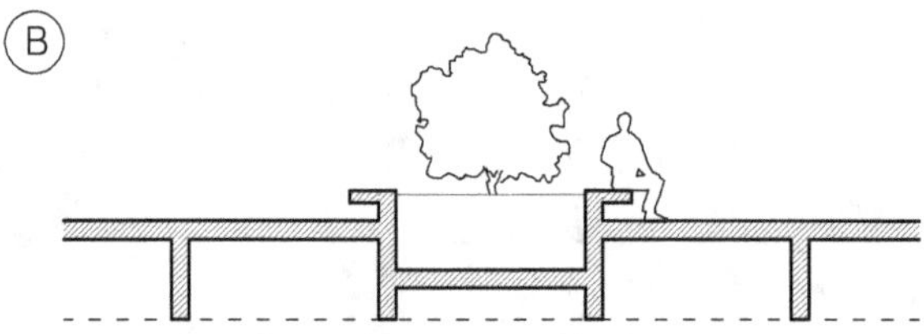

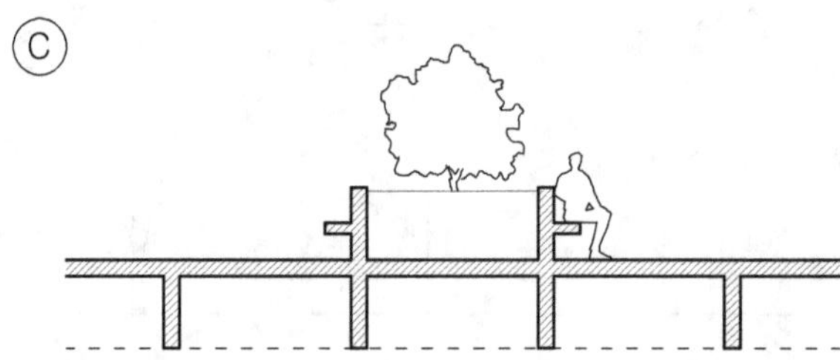

En el caso de árboles sobre la losa de cubierta de un estacionamiento, se puede convertir uno o más espacios de estacionamiento en receptáculo de tierra del árbol que se plantará encima [FIGURA 67].

FIGURA 67 • ÁRBOLES SOBRE LOSAS

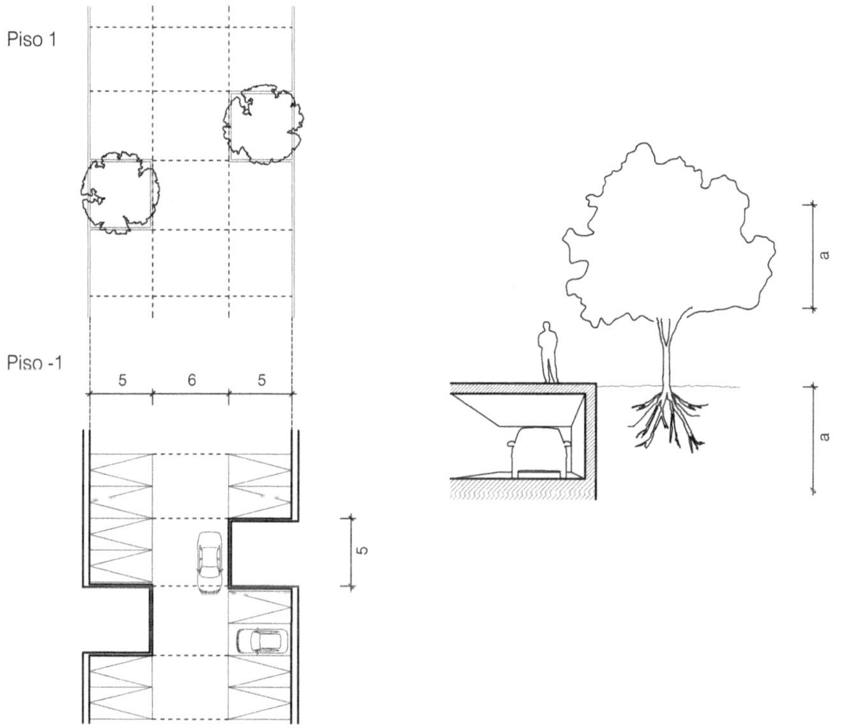

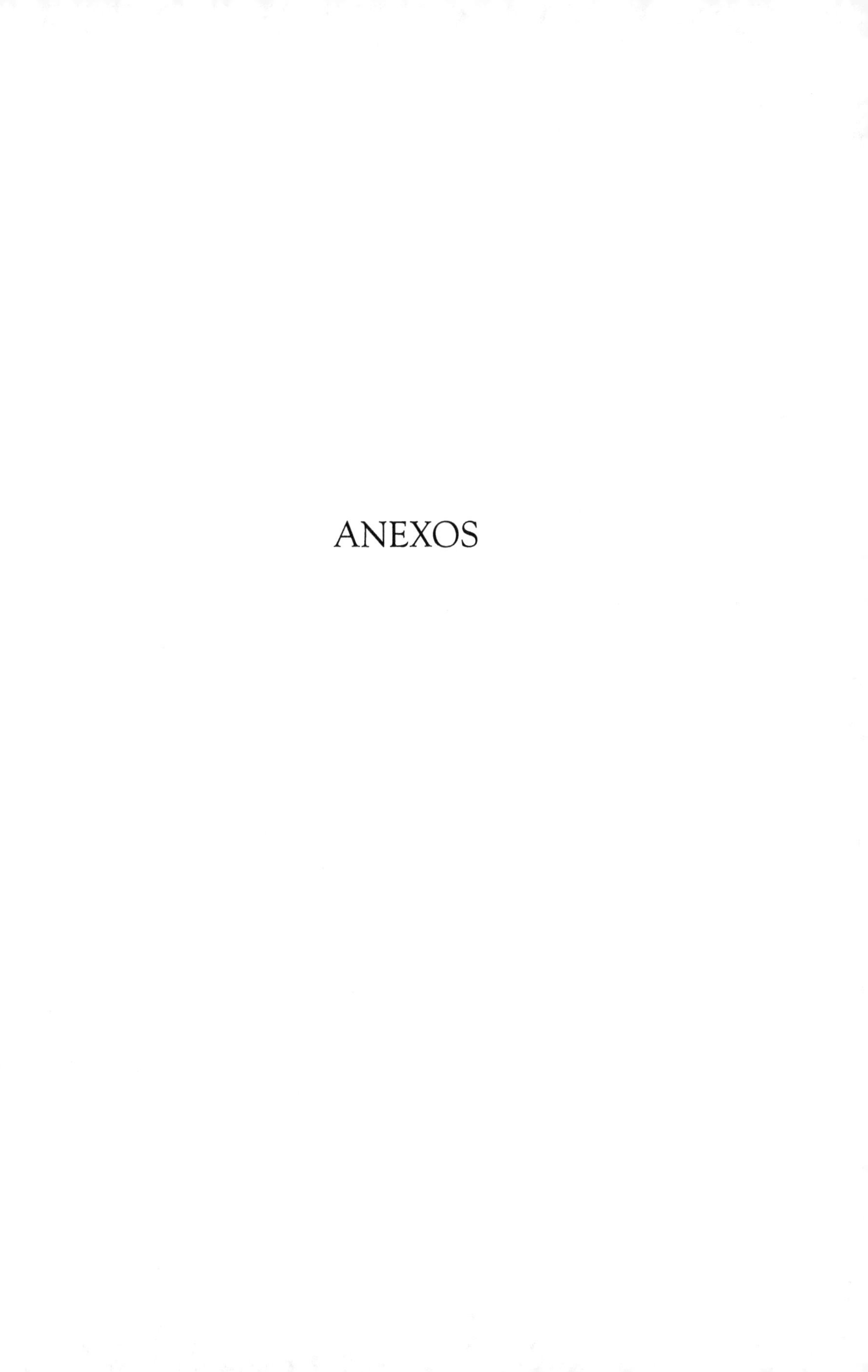

ANEXOS

ANEXO 1 • PLANTA PRIMER PISO

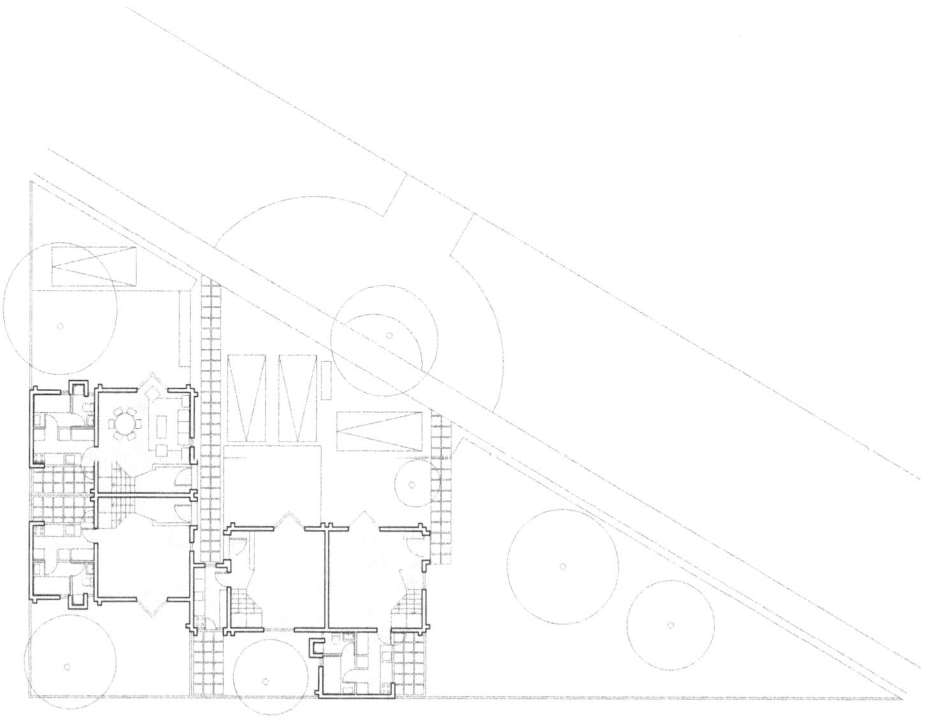

Proyecto: IV Centenario II
Autor: Francisco Vergara Dávila
Año: 1979

Anexo 2 • Plantas pisos 2 y 3

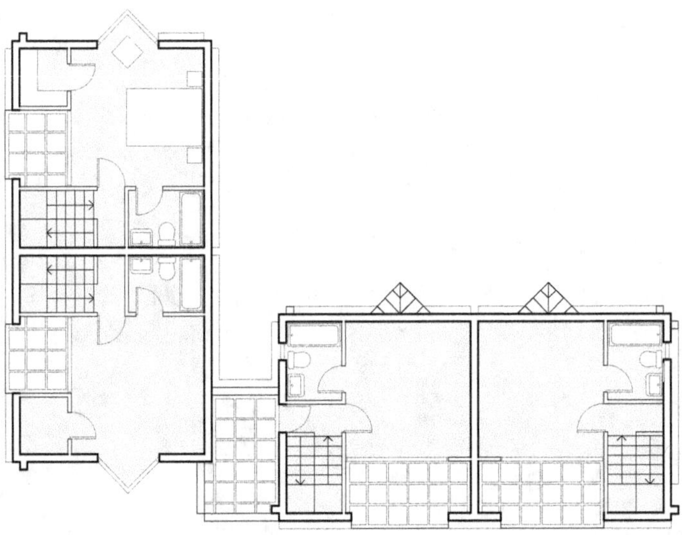

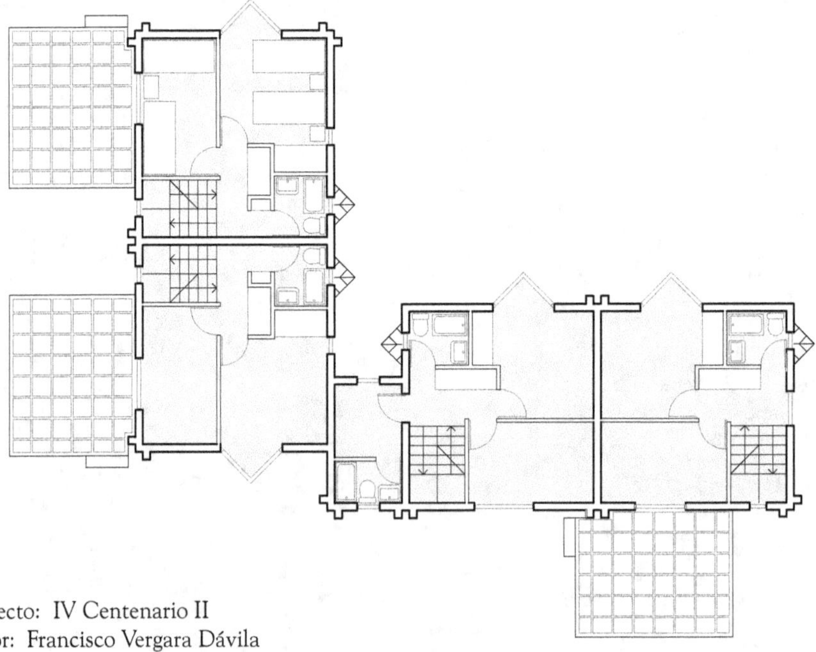

Proyecto: IV Centenario II
Autor: Francisco Vergara Dávila
Año: 1979

ANEXO 3 • ELEVACIONES

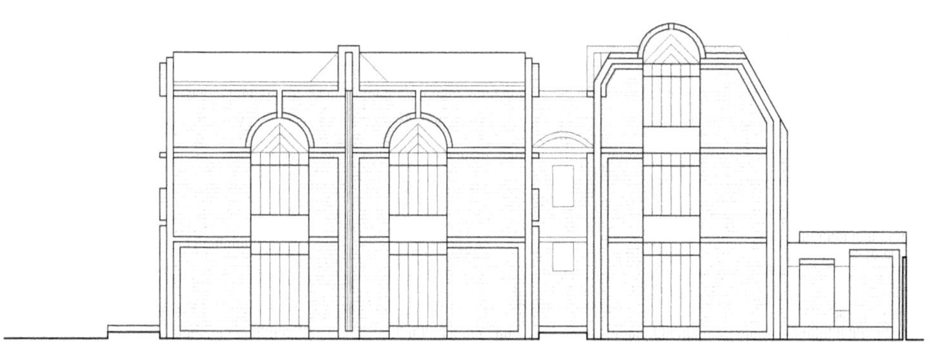

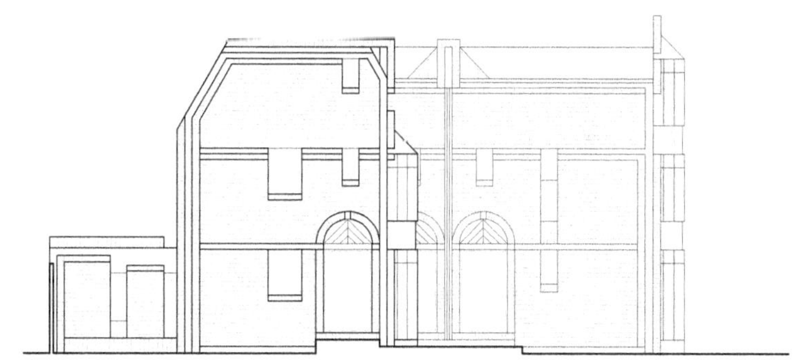

Proyecto: IV Centenario II
Autor: Francisco Vergara Dávila
Año: 1979

ANEXO 4 • AXONOMÉTRICA

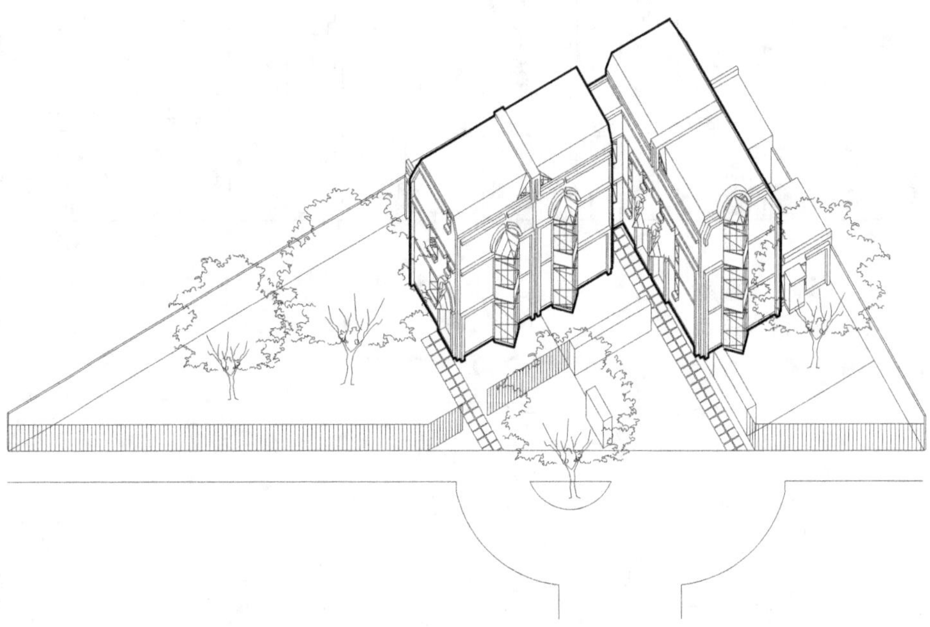

Proyecto: IV Centenario II
Autor: Francisco Vergara Dávila
Año: 1979

Anexo 5 • Lámina legal - plantas, elevaciones y pavimentos

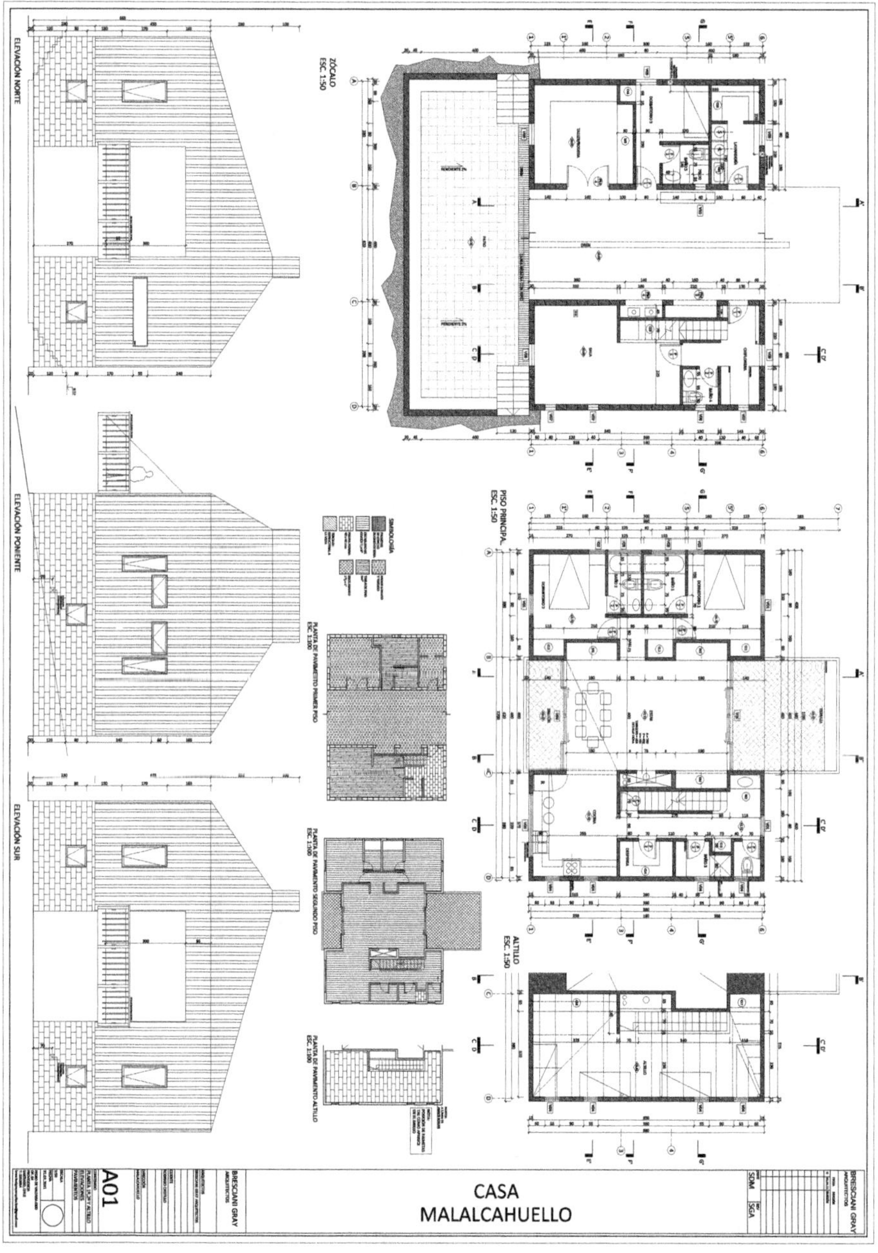

Proyecto: Casa Malalcahuello
Autor: Bresciani Gray Arquitectos
Año: 2011

ANEXO 6 • LÁMINA LEGAL - ELEVACIÓN, CORTES Y PLANTA DE TECHOS

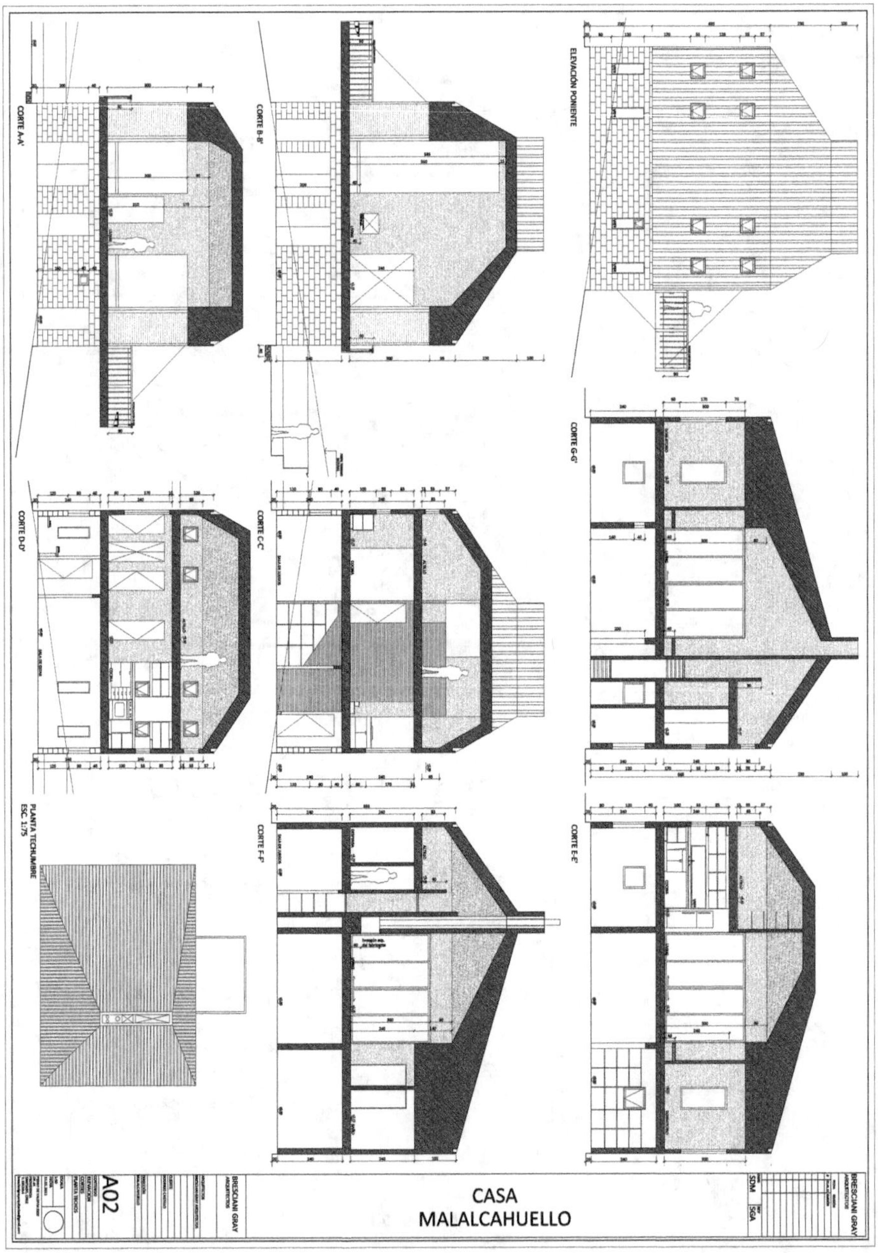

Proyecto: Casa Malalcahuello
Autor: Bresciani Gray Arquitectos
Año: 2011

ANEXO 7 • LÁMINA LEGAL - PLANOS ELÉCTRICOS Y DETALLES CONSTRUCTIVOS

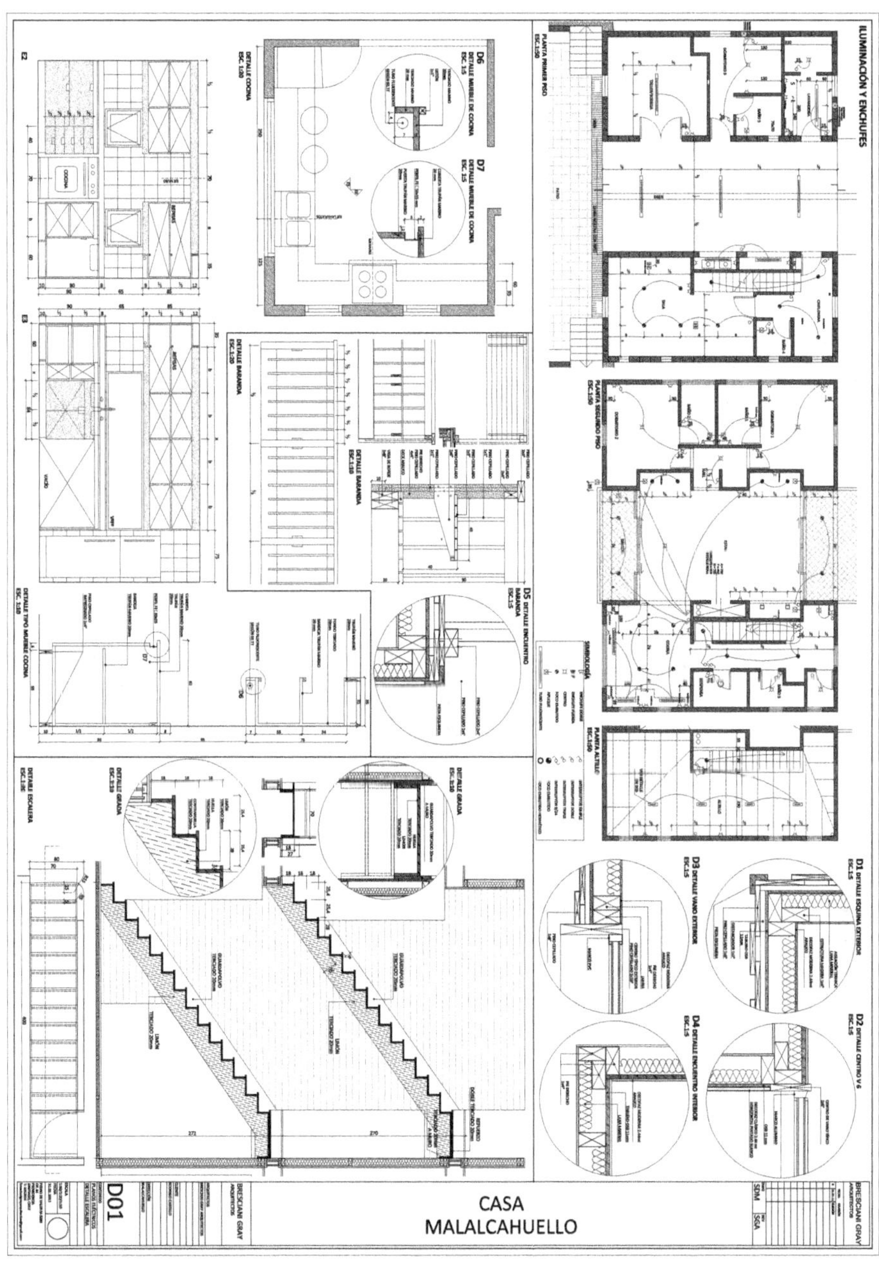

Proyecto: Casa Malalcahuello
Autor: Bresciani Gray Arquitectos
Año: 2011

ANEXO 8 • LÁMINA LEGAL - DETALLE CONSTRUCTIVO ESCANTILLÓN TRANSVERSAL

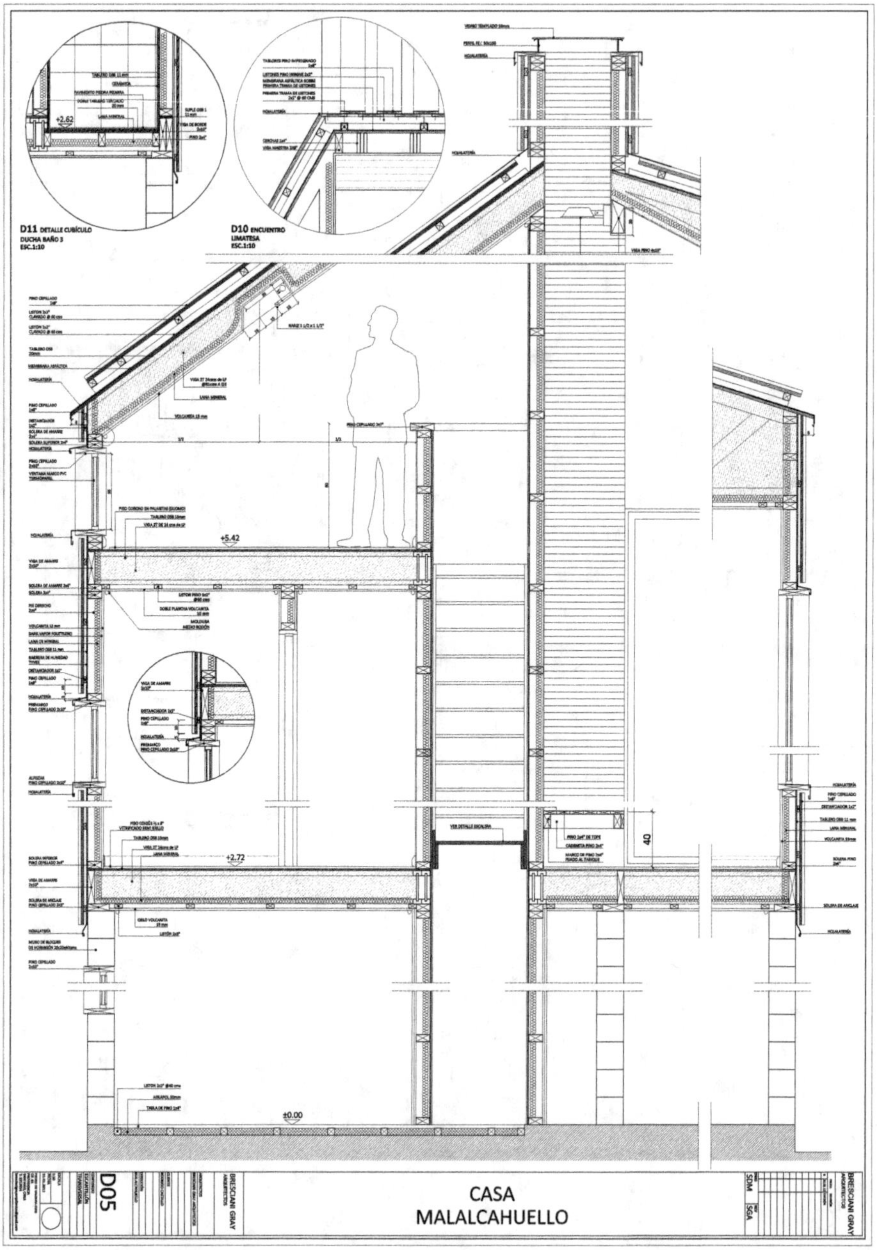

Proyecto: Casa Malalcahuello
Autor: Bresciani Gray Arquitectos
Año: 2011

BIBLIOGRAFÍA

Baixas, Moreno Zamorano, Bennett de Stefani, & FONDEDOC. (2010). **Forma Resistente** (2da ed., Serie Arquitectura-teoría y obra (Ediciones ARQ (Santiago, Chile)); 6). Santiago, Chile: ARQ Eds.

Barros, L., Saravia, G. (2016). **Sistemas Constructivos Básicos** (2da edición 2019). Valparaíso: Ediciones USM.

Boudeguer, A., Squella, P. (2010). **Manual de Accesibilidad Universal.** Santiago, Chile: Corporación Ciudad Accesible.

Bustamente, W. *et al.* (2009). **Guía de Diseño para la Eficiencia Energética en la Vivienda Social.** Santiago, Chile: Ministerio de Vivienda y Urbanismo (MINVU) & Programa País de Eficiencia Energética (PPEE).

Ching, F. (1999). **Manual de dibujo arquitectónico** (3ra ed.). México, D.F: G. Gili.

Ching, F. (2010). **Arquitectura: Forma, espacio y orden** (3 ed. rev. y act. ed.). Barcelona: Gustavo Gili.

Dériberé, M., & Chauvel, P. (1968). **L'Éclairage Naturel Et Artificiel Dans Le Batiment.** Paris: Eyrolles.

Evans, R. (1997). **"Figures, Doors and Passages"**, ensayo publicado en **Translations from drawing to building and other essays**, pages 55 to 91.

Fritz Durán, A., & Ubilla Sanz, M. (2007). Manual de diseño: Construcción, montaje y aplicación del muro envolvente: **Diseño Por Envolvente Para La Vivienda De Madera.** Santiago, Chile: Pontificia Universidad Católica de Chile.

González Moreno-Navarro, Casals Balagué, & Falcones de Sierra. (1997). **Claves del Construir Arquitectónico.** Barcelona: G. Gili.

Lyman, H. (1980). **Sunset Homeowner's Guide to Solar Heating and Cooling** (4th ed.). Menlo Park, California, USA: Sunset Books Lane Publishing Co.

Neufert, E. (2013). **Arte de Proyectar en Arquitectura**: Manual para arquitectos, ingenieros, arquitectos técnicos, constructores profesionales y estudiantes (16va ed. totalmente renovada y actualizada. ed.). Barcelona: Gustavo Gili.

Pressman, A., American Institute of Architects, & Smith Maran Architects. (2007). **Architectural Graphic Standards**. Hoboken, N.J: John Wiley & Sons.

Recuero López, M. (1999). **Acústica Arquitectónica Aplicada**. Madrid: Paraninfo.

Skurka, N., & Naar, J. (1978). **Design for a Limited Planet, Living with Natural Energy** (4th ed.). New York, USA: Ballantine's Books.

Stuven Lira, H. (1969). **43 gráficos de trayectoria solar para ciudades de Chile y Argentina**. Santiago, Chile: Universidad de Chile, Facultad de Arquitectura y Urbanismo.

Villarroel, A. (1982). **Introducción al Estudio de Estructuras Elementales**. Quito, Ecuador: Facultad de Arquitectura y Urbanismo Universidad Central del Ecuador.

www.ingramcontent.com/pod-product-compliance
Lightning Source LLC
Chambersburg PA
CBHW081406160726
48000CB00010B/3503